PRESENTACIÓN

"¿Entendéis todo esto? Le dijeron: Sí. Y él les dijo: Por eso todo escriba que se ha hecho discípulo del Reino de los Cielos es semejante al padre de familia que saca de su tesoro lo nuevo y lo viejo" (Mt 13,51-52). Con este breve diálogo concluye la enseñanza de Jesús a sus discípulos por medio de parábolas. El título de este libro está inspirado en él, porque refleja muy bien la forma en que Mateo compuso su evangelio. Se sirvió de lo viejo, es decir, de las antiguas Escrituras de Israel que hoy conocemos como Antiguo Testamento; pero sobre todo supo sacar lo nuevo, es decir, las tradiciones que había recibido sobre Jesús. Con este título hemos querido reflejar también lo que es para nosotros la Palabra de Dios: un tesoro inagotable del que sabiamente hemos de ir sacando lo que en cada momento se necesita.

Del tesoro del Nuevo Testamento hace ya cinco años que intentamos sacar palabras de vida y de luz para nuestra vida a través de estas guías de lectura. Quienes hayan utilizado o conozcan los libros de la colección "Palabra y Vida" dedicados al evangelio de Marcos (1996), al libro de los Hechos (1997), al evangelio de Juan (1998), al libro del Apocalipsis (1999) y a las primeras cartas de san Pablo (2000) saben que la idea inicial de este proyecto fue ofrecer un itinerario bíblico para preparar el jubileo del año 2000. Sin embargo, a lo largo de estos años nuestro proyecto se ha ido independizando de las circunstancias que le dieron origen, y se está convirtiendo en una propuesta de lectura creyente del todo el Nuevo Testamento.

En esta presentación explicamos por qué proponemos este año la lectura del evangelio de Mateo, al tiempo que ofrecemos algunas indicaciones prácticas para utilizar este libro. Los grupos que hayan seguido alguna de las guías precedentes pueden saltarse los apartados 2, 3 y 4 de esta introducción, pues contienen cosas ya sabidas para ellos.

1 El evangelio según san Mateo

La primera guía de lectura de esta serie era una propuesta para leer el evangelio según san Marcos, mientras que la tercera proponía la lectura del evangelio según san Juan. Una de las razones que nos han movido a proponer este año la lectura del evangelio según san Mateo es la de ir completando las guías de lectura de los cuatro evangelios. Hemos comenzado por Mateo, porque aparecerá justo antes de que empecemos el ciclo A de la liturgia dominical, en el que leemos este evangelio.

El evangelio de Mateo tiene su propia personalidad. No es extraño que su autor emprendiera la tarea de componer otro evangelio cuando las comunidades ya tenían el de Marcos. Tal vez le moviera a ello el hecho de que Marcos no había incluido en su evangelio importantes tradiciones sobre Jesús, principalmente de sus dichos y parábolas. Aunque también es probable que Mateo compusiera su evangelio porque la situación de su comunidad era diferente y no les resultaba fácil encontrar orientación en el evangelio de Marcos. En todo caso, Mateo elaboró una obra ordenada y bien estructurada, en la que se intercalan las palabras y las acciones de Jesús; una obra con especial sensibilidad para la situación que estaba viviendo su comunidad.

A lo largo de las diversas sesiones iremos descubriendo cuál era esta situación y cuáles fueron las orientaciones que les dio Mateo. Por ahora será suficiente con saber que su situación no era fácil, pues vivían en un ambiente adverso que les planteaba muchas preguntas. En esto se parece un poco aquella situación a la nuestra, y eso hace que la lectura de este evangelio pueda resultarnos interesante e iluminadora. Con esa intención se la proponemos a los grupos que decidan emprender el camino.

2 Un proyecto de evangelización

Esta guía de lectura, como las precedentes, se inscribe en un proyecto evangelizador. Las orientaciones para cada encuentro pretenden llevarnos hasta el umbral de la experiencia de las primeras comunidades cristianas reflejada en el evangelio de Mateo, y desaparecer después, para que cada uno prosiga su camino de encuentro personal con Jesús.

El camino que proponemos se apoya en tres pilares, en tres claves de lectura, que es importante tener en cuenta antes de comenzar a caminar.

En primer lugar, sugerimos hacer este camino no en solitario, sino con otros creyentes, en comunidad. Esta dimensión comunitaria está especialmente presente en las cartas de Pablo, dirigidas a comunidades concretas que habían sido fundadas por él. Esta primera clave exige una actitud de apertura y sencillez, de aceptación de los demás y de entrega generosa de uno mismo.

En segundo lugar, proponemos que la lectura se haga con actitud de fe y en clima de oración. Queremos hacer una lectura creyente. Hay muchas maneras de leer la Biblia. Nosotros elegimos una que responde a la intención con la que Mateo escribió su evangelio: dar testimonio de su fe en Jesús resucitado, presente en medio de su Iglesia. Esta segunda clave requiere de los participantes una actitud de apertura a Dios, de fe en su capacidad de hablarnos hoy a través de su Palabra y de los acontecimientos de la vida.

Y en tercer lugar, al hacer esta lectura debemos estar abiertos a la conversión. Si la experiencia que Mateo dejó reflejada en su evangelio no va cambiando nuestras vidas, si no nos dejamos interpelar y transformar por ella, entonces nuestro acercamiento a la Palabra de Dios habrá sido inútil.

Así pues, lo que proponemos es hacer una lectura comunitaria del evangelio de Mateo en clave de oración y orientada a la conversión.

3 Desarrollo de cada encuentro

Cada reunión irá precedida de una preparación personal y seguida de una reflexión para interiorizar lo descubierto en cada encuentro.

Antes de cada encuentro

Cada participante leerá los capítulos que se indican al final de la ficha de la sesión anterior con ayuda de una pregunta sencilla, que se encuentra en el apartado "Para preparar el próximo encuentro". Es muy importante que todos los miembros del grupo hagan esta lectura reposadamente y que lleven luego sus aportaciones al grupo. Si hay personas que tienen dificultades para hacerlo solas, se pueden organizar en pequeños grupos de dos o tres para hacer esta lectura. Esta forma de preparar la reunión suele ser muy enriquecedora.

En el encuentro con el resto del grupo

La reunión tendrá dos momentos: primero pondremos en común lo que hemos descubierto en la lectura personal y, después, nos centraremos en la lectura de un pasaje concreto. La guía de cada sesión ofrece sugerencias para estos dos momentos.

La puesta en común ha de ser necesariamente breve. Su objetivo es ambientar la lectura del pasaje concreto, que será lo más importante.

La lectura del pasaje elegido seguirá siempre el mismo itinerario, que responde a las claves de lectura descritas más arriba. Este itinerario se inspira en la *lectio divina*, que es la forma más antigua de lectura creyente de la Biblia en la Iglesia. Tiene cuatro pasos, que van precedidos de una sencilla ambientación:

– *Miramos nuestra vida.* Partimos siempre de una experiencia de vida, para que todo el mundo pueda participar. Cuando se empieza a hablar de teorías, muchos quedan excluidos de la conversación. Cuando se habla de experiencias de vida, todos tienen algo que aportar. Puede que al principio haya gente a la que le cueste hablar. Una forma de hacer participar a todos es que el animador plantee a un miembro la pregunta que viene en este apartado y luego él, después de responderla, le haga esta misma pregunta a otro, y así sucesivamente hasta que todos hayan contestado.

– *Escuchamos la Palabra de Dios.* Debe hacerse con esmero y dedicación. En cada ficha ofrecemos unas preguntas, la indicación de que se consulten las notas y de que cada uno vuelva a leer personalmente el pasaje elegido. El objetivo fundamental de este segundo paso es descubrir la experiencia de fe que se encuentra reflejada en cada pasaje. En este momento el animador podrá iluminar al grupo si antes ha preparado bien la reunión, consultando la explicación del pasaje que le ofrecemos en los materiales complementarios. Sin embargo, ha de tener mucho cuidado para no anular las aportaciones del grupo. Sólo debe hablar al final, para subrayar, valorar y completar lo que el grupo ha descubierto.

– *Volvemos sobre nuestra vida.* En este tercer momento se trata de poner en diálogo la experiencia de la que hemos hablado al principio con lo que hemos descubierto en la Palabra de Dios. Ha de ser un diálogo sincero y desde la fe. Para que todos participen, puede seguirse la técnica descrita en el apartado "Miramos nuestra vida" u otra. El animador, si está atento, irá captando qué es lo que facilita más la participación.

– *Oramos.* Todos los encuentros terminarán con una breve oración relacionada con lo que hemos descubierto en el pasaje para nuestra vida. Las indicaciones de la ficha de trabajo son orientativas. El animador, que conoce al grupo, deberá completarlas.

La reunión puede durar entre una hora y cuarto y una hora y media, dependiendo del número de personas que integren el grupo. A la primera parte (puesta en común) se le puede dedicar entre veinte minutos y media hora, y a la segunda (lectura del pasaje elegido), aproximadamente una hora.

Después del encuentro

Es conveniente que el encuentro se prolongue en una reflexión personal, en la que cada uno interiorice lo que ha descubierto en la reunión. También debe prolongarse en el compromiso que cada uno va adquiriendo.

El equipo de La Casa de la Biblia

1 NOS PREPARAMOS PARA DESCUBRIR EL TESORO DEL ESCRIBA

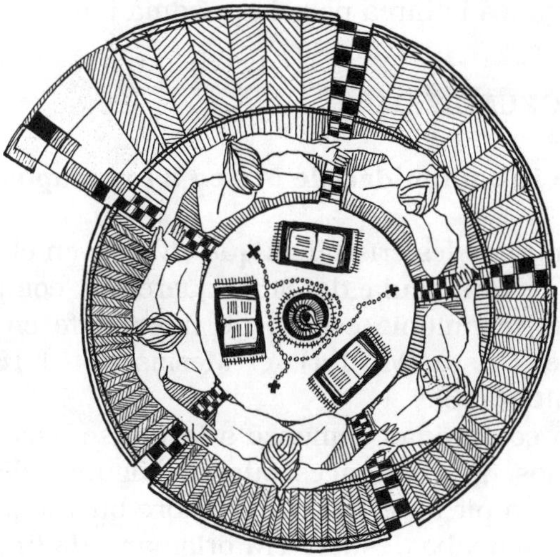

DESARROLLO DEL ENCUENTRO

En este primer encuentro vamos a intentar ponernos de acuerdo sobre lo que vamos a hacer en el grupo y cómo lo vamos a hacer. Es importante que digamos hacia dónde nos gustaría avanzar, pues vamos a emprender un camino juntos, y este camino depende, en parte, de la sinceridad con que manifestemos hoy nuestras expectativas.

Seguiremos los siguientes pasos:

• Saludo de bienvenida (de parte del animador) y presentación de los participantes.

• Decidimos juntos lo que vamos a hacer. Para ello es necesario que cada uno diga lo que espera encontrar en este grupo y que todos intentemos comprender el objetivo que nos propondrá el animador.

• Nos ponemos de acuerdo en cómo lo vamos a hacer, escuchando atentamente la explicación del animador.

• Acordamos el lugar, la hora y la frecuencia de nuestros encuentros.

• Podemos leer y comentar juntos el "Para profundizar" de esta primera sesión.

• Explicamos la tarea para la próxima reunión.

PARA PROFUNDIZAR

Carta de la comunidad de Mateo a los grupos bíblicos

Las comunidades cristianas que vivimos en el año 80 en la región de Antioquía de Siria queremos compartir con vosotros el testimonio escrito de nuestra fe en Jesús de Nazaret, el Cristo (Mt 1,1), el Mesías (Mt 1,18), el Hijo de Dios (Mt 16,16).

Nuestra comunidad comenzó a formarse hace unos cincuenta años. Fue entonces cuando algunos de nosotros empezamos a oír hablar de un hombre bueno que vivió en Galilea. Se llamaba Jesús y era originario de una pequeña aldea llamada Nazaret. Cuentan nuestros abuelos que algunos enfermos se desplazaron desde aquí hasta Cafarnaún para ser curados por él (Mt 4,24). Su persona dejó una honda huella en ellos.

Poco tiempo después llegaron hasta nosotros personas que se decían discípulos de ese hombre, aunque en la región no se les diferenciaba de los judíos, pues de hecho acudían a la sinagoga a rezar. Aunque daban importancia a la ley de Moisés y a la circuncisión, el precepto del amor y las enseñanzas de su Maestro tenían para ellos una importancia aún mayor. Gracias a la predicación de estos misioneros, muchos de nuestra región creyeron en Jesús de Nazaret. Tras los acontecimientos ocurridos en el año 70 con la destrucción de Jerusalén y del templo, este grupo, fundamentalmente judío, decidió abrirse a los paganos porque entendieron la dimensión universal del mensaje que había predicado Jesús (Mt 28,19-20).

Al menos una vez por semana nos reuníamos en comunidad para hablar de él, de su vida, pasión, muerte y resurrección. Al comienzo, su memoria era presentada por apóstoles o discípulos suyos. Teníamos así la garantía de recordar fielmente lo que sucedió. Pero estos primeros seguidores empezaron a morir con el paso del tiempo. A pesar de ello, nosotros seguimos fieles a la memoria de Jesús, el Señor, y a las enseñanzas de sus apóstoles, cuyos recuerdos comenzaron a escribirse por entonces.

Cuando nos enteramos de que las comunidades de Galilea habían puesto por escrito los dichos de Jesús que habían oído a sus discípulos, encargamos a uno de los nuestros que los visitara para hacer una copia de esta "Colección de dichos del Señor". Regresó trayendo unas hojas de papiro que guardábamos como un tesoro. Tuvimos, además, la alegría de recibir, por medio de catequistas visitantes, un libro sobre la vida de Jesús que se había difundido mucho entre las comunidades de Roma. Vosotros lo conocéis como el evangelio de Marcos. Constatamos con satisfacción que lo que nosotros sabíamos acerca de la vida, los hechos y dichos de Jesús coincidía con lo que había sido recogido en estos escritos. Descubrimos que teníamos problemas similares, pero también situaciones muy diferentes.

Entonces nos propusimos hacer un nuevo libro capaz de responder con claridad a nuestros desafíos y conflictos. Aprovechamos todo el material que teníamos a nuestra disposición: las hojas con los dichos de Jesús, el libro de las comunidades de Roma y otros recuerdos que, recogidos por personas diferentes, circulaban en nuestras comunidades. Surgió así lo que vosotros conocéis como el evangelio de Mateo.

No pretendimos abarcar todos los detalles de la vida de Jesús. Quisimos que sus palabras y la experiencia de los discípulos que convivieron con él fueran luz y fortaleza para nuestra fe. Intentamos presentar al Maestro a partir de lo que significa para nosotros; buscamos decir lo que supone seguirle desde la situación y los problemas concretos que nos afectaban, siendo fieles a su recuerdo y sabiendo que el mismo Jesús resucitado estaba con nosotros (Mt 28,20). Por eso, no adoptamos, sin más, el evangelio de Marcos llegado desde Roma. Necesitábamos uno nuestro, fruto de nuestra vida y vivencia comunitaria.

En él no aparece el nombre del autor. Ha pasado a la historia como el evangelio de Mateo. Que este anuncio de la Buena Noticia llevara el nombre de Mateo, un apóstol de Jesús, garantizaba la buena aceptación del texto entre todas las comunidades de la gran Iglesia que se estaba formando. No es falsedad, sino un recurso que otros muchos utilizan en nuestro tiempo. Recordad que con el Antiguo Testamento sucedió lo mismo: como autor del Pentateuco se puso a Moisés; de los Salmos, a David; de los libros Sapienciales, a Salomón.

Lo leemos en la fracción del pan, en la preparación al bautismo y en otras celebraciones y reuniones. Nos permite recordar las enseñanzas, las acciones y la relación de Jesús, el Hijo de Dios, con sus discípulos. Con él hacemos vida su proyecto en nuestro caminar diario, superamos las dificultades, alentamos nuestra fe. Nuestros misioneros lo ofrecen a otros grupos cristianos. Así ha llegado hasta vosotros. Ojalá os ayude a caminar en comunidad y a perseverar en el anuncio y el testimonio del Reino.

PARA PREPARAR EL PRÓXIMO ENCUENTRO

En nuestro próximo encuentro comenzaremos la lectura del evangelio de Mateo. Ha sido un libro muy leído en la historia de la Iglesia. Nosotros queremos que su reflexión en comunidad nos ayude a conocer más a Jesús, para seguirle mejor.
Para preparar la siguiente reunión, leemos despacio los capítulos 1 y 2 del evangelio y nos preguntamos:

¿Qué personajes aparecen en el texto?
¿Cuál es su actitud hacia Jesús?

2 HEMOS VISTO SU ESTRELLA

LECTURA CONTINUADA

Puesta en común sobre Mt 1-2

Mateo inicia su evangelio con un relato de la infancia de Jesús. En él se adelantan algunos temas que luego se desarrollarán más ampliamente. De este modo prepara al lector para leer el resto de su obra.

La principal intención de estos capítulos iniciales es presentar a Jesús como Mesías e Hijo de Dios. Lo hace respondiendo a las dos preguntas que, en aquella cultura, definían a una persona: de qué familia venía y dónde había nacido. El evangelista responde a la primera pregunta en Mateo capítulo 1, dando a conocer la ilustre ascendencia de Jesús, que se remonta hasta David y Abrahán, lo que le hacía una persona honorable a los ojos de sus contemporáneos. A la segunda pregunta responde en Mateo capítulo 2, revelando que Jesús ha nacido en Belén, ciudad donde, según las Escrituras, vería la luz el Mesías.

Mientras íbamos leyendo estos dos capítulos hemos intentado responder a las siguientes preguntas: *¿Qué personajes aparecen en el texto? ¿Cuál es su actitud hacia Jesús?*

GUÍA DE LECTURA

"La estrella los guió hasta donde estaba el niño"

Antes de comenzar, buscamos **Mt 2,1-12**

➤ Ambientación

Al iniciar la lectura del evangelio de Mateo nos encontramos con unos textos muy familiares: son los que recordamos en Navidad y representamos en nuestros belenes. El pasaje que vamos a leer nos puede ayudar a profundizar sobre cómo acogemos a Jesús, que llega a nuestra historia, y sobre cómo leemos las huellas que nos anuncian su presencia.

➤ Miramos nuestra vida

Las personas vivimos siempre buscando y anhelando algo más. Cada logro es una llamada a nuevos horizontes. Toda meta, una vez conseguida, llama a otra. Nos da la impresión de que pararnos es morir. Buscamos superarnos en el trabajo, mejorar las condiciones de nuestra familia, ayudar a otros de una forma más eficaz... En el fondo de esas búsquedas hay un deseo insaciable de realización, de felicidad, de orientación satisfactoria para la vida.

– *¿Qué busca hoy la gente?*

– *¿Qué lugar ocupa Dios entre esas búsquedas?*

➤ Escuchamos la Palabra de Dios

En la época de Mateo las personas también vivían en búsqueda. Muchos creyentes esperaban signos que les mostrasen al Mesías prometido. Tomando pasajes de las Escrituras y recogiendo creencias populares, como la que afirmaba que una estrella anunciaría el nacimiento de un personaje importante, Mateo muestra a su comunidad que es a Jesús a quien deben buscar.

• En silencio abrimos nuestro corazón a la Palabra de Dios que vamos a escuchar.

• Una persona del grupo proclama Mt 2,1-12.

• Reflexionamos en silencio sobre el pasaje que se ha proclamado. Leemos las notas de nuestra Biblia.

• Entre todos, tratamos de responder a estas preguntas:

- *¿Qué buscan los sabios de Oriente? ¿Qué les ayuda?*
- *¿Qué actitudes tienen los diversos personajes ante la noticia del nacimiento de Jesús?*
- *¿Cuál es el mensaje que quiere transmitir Mateo en este pasaje?*

➤ Volvemos sobre nuestra vida

Los creyentes vivimos, como el resto de la gente, buscando, encontrando y volviendo a buscar. Sabemos que en el fondo de nuestras inquietudes se encuentra Jesús, en quien creemos. Muchas estrellas en el camino nos señalan su presencia. Sin embargo, no podemos ignorar que a nuestro lado, en el camino de la vida, muchas personas anhelan algo más. En el fondo de sus incansables búsquedas está él.

- *¿Quiénes son hoy los "sabios de Oriente" que buscan a Dios? ¿En qué sentido te identificas con ellos?*

- *¿Qué estrellas indican su presencia en medio de nuestro mundo?*

- *¿Cómo podemos ser nosotros estrellas que señalen a Jesús?*

- *¿Qué compromiso concreto podríamos asumir para convertirnos en estrellas de otros?*

➤ Oramos

En nuestra oración de hoy vamos a utilizar el símbolo de la estrella que acompañó a los sabios de *Oriente*. Para ello el miembro del grupo que anime la oración prepara en el centro de la sala un pequeño nacimiento que ambiente la celebración. Antes de comenzar, reparte una estrella de papel o cartulina a cada participante.

- Se comienza leyendo Mt 1,18-25.
- Jesús nace en Belén en silencio y casi marginado. Nadie en los alrededores se entera de su presencia. Todo parece normal hasta que una estrella se posa en el lugar y unos extranjeros que la han seguido se postran ante él. En nuestro camino también hay estrellas que nos han guiado, acompañado en algún momento importante de nuestra vida.
- Tras un rato de silencio, cada uno escribe en su estrella qué o quién le han guiado en su vida hasta el encuentro de Jesús. Y cada uno va colocando su estrella alrededor del Belén.
- Compartimos y damos gracias a Dios por las estrellas que siguen llevándonos a Belén.
- Cantamos, para terminar, *La virgen sueña caminos.*

PARA PROFUNDIZAR

Los evangelios de la infancia

En el comienzo de la predicación cristiana lo importante era hablar de la muerte y resurrección de Jesús; luego se fueron incorporando otros relatos con dichos y hechos. Al final, se introdujeron las historias sobre el origen y la infancia de Jesús, que más adelante ampliaron los evangelios apócrifos. Son, por tanto, relatos tardíos que sólo Mateo y Lucas desarrollan. Su significado va más allá de una simple biografía. Con ellos, tanto Mateo como Lucas nos hacen una primera presentación de Jesús.

Si leemos los relatos de cada uno, constatamos que hay muchas diferencias entre lo que nos narra uno y otro evangelista. Esto es así porque los objetivos que se plantean son diferentes. Así, para Lucas lo importante es destacar que Jesús representa la Nueva Alianza de Dios con los seres humanos y que la Antigua Alianza está agotada. Esto lo hace presentándonos dos nacimientos: el de Juan Bautista, que será el último profeta de la Antigua Alianza, y el de Jesús, que inicia la nueva. Para Mateo, en cambio, Jesús es el nuevo Moisés y en su narración va a recordarnos escenas del Éxodo (Ex 1-2) que ahora adquieren un nuevo significado.

A nosotros, desde nuestra cultura, nos puede sorprender la libertad con que elaboraron los episodios de la infancia de Jesús, porque estamos acostumbrados a buscar la verdad histórica de los hechos y, cuando nos acercamos a estos textos y descubrimos que no coinciden en lo que cuentan e incluso se contradicen, pensamos en seguida que algo es mentira. Pero para los evangelistas, y en general para la gente de su época, lo importante era el significado de los acontecimientos y no los acontecimientos en sí. Por eso, para elaborar sus relatos acudieron a los géneros literarios que estaban en uso en su cultura, con los que podían decir quién era Jesús. Hoy tenemos otra forma de contar las cosas, por eso es importante tener en cuenta cómo lo hacían ellos y qué nos querían transmitir.

Una forma especial de narrar

Una misma noticia la podemos contar en un artículo periodístico, convertirla en un poema o narrarla como un cuento. El contenido será el mismo, pero la forma de transmitirlo puede ser diferente. Cada época y cada cultura utiliza unos recursos literarios para elaborar sus experiencias y sus creencias. La Biblia tiene también los suyos. Los evangelios de la infancia utilizan algunos que nos interesa conocer:

El *midrás:* es un recurso de la literatura judía para profundizar en los significados de la Escritura a través de la recreación narrativa. Releyendo un relato del Antiguo Testamento y ahondando en su significado elaboraban una nueva narración que expresaba sentidos nuevos del texto. Para nosotros eso puede parecer una invención, pero para ellos era una forma de profundizar en el contenido de la Palabra de Dios.

Genealogía: es una lista de antepasados y se utilizaba para resaltar la importancia de un personaje, expresar sus orígenes ilustres y ofrecer la clave para descubrir cuál iba a ser su misión. Con ellas se unía al personaje con la historia de su pueblo y se resaltaba el papel que él jugaría en ella en el futuro.

Sueños: es una forma típica del Antiguo Testamento para transmitir un mensaje divino. Lo importante en ellos es que quieren resaltar que el mensaje viene de parte de Dios, que se preocupa y actúa en la historia.

Anunciaciones: generalmente es un mensajero divino el que da a conocer el nacimiento y la misión de un personaje. En la Biblia tenemos relatos de anunciaciones, tanto en el Antiguo como en el Nuevo Testamento, para resaltar la importancia y el significado de alguien (leer Jue 13).

¿Qué quiere decirnos Mateo?

Mateo, al recrear la infancia de Jesús, no pretende decirnos lo que sucedió, sino lo que Jesús significa en la historia de la Salvación. Así, a través de su genealogía nos dice que él es el Mesías esperado por Israel, lo que se confirma a través de las citas de cumplimiento del Antiguo Testamento y del nacimiento virginal. Los sueños nos hacen notar la iniciativa y presencia de Dios en toda la historia. El relato de los Magos, la huida a Egipto o la matanza de los inocentes nos acercan a las repercusiones de la venida de Jesús, con lo que supone de rechazo o acogida.

Por eso nosotros, cuando nos acerquemos a estos primeros capítulos, no podemos ir con ojos del historiador moderno, sino con mirada de creyentes.

A través de ellos Mateo anima a su comunidad a vivir la fe en medio de los problemas concretos que entonces tenían. Nosotros podemos también reconocernos en estos relatos y en sus personajes y descubrir cómo afrontar la vida desde la fe, aprendiendo a ver las señales cotidianas de Dios en la historia.

PARA PREPARAR EL PRÓXIMO ENCUENTRO

Vamos a leer los capítulos 3 y 4 del evangelio de Mateo. En su mayor parte están dedicados a la presentación del Mesías (Mt 3,1-4,16); sólo al final del capítulo cuatro se introduce la sección centrada sobre el mensaje de Jesús (Mt 4,17-25). Trataremos de responder a las siguientes preguntas:

¿Qué episodios de la vida de Jesús se presentan en esta sección? ¿Qué títulos recibe en algunos de ellos?

NOTAS

3 EN EL MOMENTO DE LA PRUEBA

LECTURA CONTINUADA

Puesta en común sobre Mt 3-4

En la sesión anterior leímos los evangelios de la infancia (Mt 1-2). La intención del evangelista Mateo era ayudarnos a tomar conciencia de quién es Jesús.

En el encuentro de hoy daremos un paso más en ese descubrimiento de su identidad (Mt 3,1-4,16) y pasaremos finalmente a introducirnos el núcleo de su mensaje (Mt 4,17-25). Mateo presenta unos hechos de la vida de Jesús que le sirven para unir el relato de la infancia con el comienzo de su misión. La presentación de Jesús como Hijo de Dios es el hilo conductor de estos capítulos.

Las preguntas que debíamos responder eran las siguientes: *¿Qué episodios de la vida de Jesús se presentan en esta sección? ¿Qué título le dan en algunos de ellos?*

GUÍA DE LECTURA

"Si eres Hijo de Dios"

Antes de comenzar, preparamos **Mt 4,1-11**

➤ **Ambientación**

En la reunión anterior leímos el relato de la adoración de los magos, y descubrimos que Jesús era presentado como Mesías y luz de las naciones. Sin embargo, no todos lo reconocieron como tal. Siguiendo el relato de Mateo, nos hemos encontrado con el episodio del bautismo de Jesús en el que Dios le declara su Hijo amado (Mt 5,13-17). En la sesión de hoy veremos cómo, a pesar de las pruebas a las que es sometido, no reniega de su condición de Hijo fiel a Dios.

➤ **Miramos nuestra vida**

En algunos momentos de la vida nos toca vivir situaciones difíciles, en las que tenemos que optar. Nos encontramos en medio de una encrucijada y tenemos que decidir. De esta toma de postura puede depender todo nuestro futuro... No siempre tenemos criterios claros para tomar una determinación, y con frecuencia adoptamos las posturas más seguras, menos comprometidas, más fáciles... Éstas son nuestras tentaciones, y a veces elegimos aquello que nos hace mal o perjudica a los demás.

– *¿Cuáles son las tentaciones más frecuentes que se nos plantean cuando tenemos que hacer una opción difícil?*

➤ **Escuchamos la Palabra de Dios**

En la vida de Jesús también hubo encrucijadas; tuvo que elegir entre el camino propuesto por el Padre, para llevar adelante su misión, y aquel otro, "más eficaz" y más "triunfalista", que le propone el Tentador. Hoy vamos a meditar sobre el pasaje de las tentaciones de Jesús con la intención de descubrir la postura que adoptó él cuando fue sometido a la prueba.

• Antes de escuchar la Palabra de Dios, guardamos unos instantes de silencio.

• Un miembro del grupo proclama Mt 4,1-11.

• Reflexionamos en silencio: volvemos a leer personalmente el relato y consultamos las notas de nuestra Biblia para poder entenderlo mejor.

• Respondemos juntos a estas preguntas:

– *¿Quién condujo a Jesús al desierto?*
– *¿Cuánto tiempo permaneció allí? El pueblo de Israel también experimentó la prueba y la asistencia de Dios; ¿recuerdas el tiempo que los israelitas estuvieron en el desierto? (puedes leer Nm 14,34).*
– *¿En qué consistió cada una de las tentaciones?*
– *¿Qué pretende el diablo poniendo a prueba a Jesús? Para responder a esta pregunta, fíjate en las expresiones con que comienzan las dos primeras pruebas.*
– *¿Con qué palabras contesta Jesús a cada una de las tentaciones? ¿Dónde se inspira para responder?*

➤ Volvemos sobre nuestra vida

Ayer y hoy, los hombres y las mujeres tenemos que tomar decisiones, como Jesús, podemos elegir diferentes caminos. Probablemente la Palabra de Dios ha aportado alguna luz sobre las dificultades que compartimos al comienzo de esta sesión. Ahora podemos volver sobre ellas con ayuda de las siguientes preguntas:

– *¿Las tentaciones a las que estuvo sometido Jesús en el desierto se parecen a las que tenemos nosotros hoy? ¿Y a las que tienen nuestras comunidades y nuestra Iglesia?*

– *¿La postura de Jesús en el pasaje que acabamos de leer nos da algunas pistas para resistir en medio de la prueba? ¿Cuáles? ¿A qué nos compromete?*

➤ Oramos

En este momento, vamos a expresarle a Dios nuestro deseo de no vivir desde las claves del prestigio, del poder y del tener. Para ambientar la oración, podemos poner encima de la mesa unas piedras y un pan.

• Comenzamos leyendo una vez más Mt 4,1-11.

• Guardamos unos minutos de silencio, en los que recordamos la postura que tomó Jesús en el desierto.

• A continuación, cada uno puede hacer su propia oración. Después de cada intervención, diremos todos juntos: "No nos dejes caer en la tentación".

• Terminamos recitando juntos el salmo 91 (90): "Al abrigo del Altísimo, a la sombra del Poderoso".

PARA PROFUNDIZAR

El reinado de Dios

El evangelio de Mateo habla mucho del Reino. No le gusta emplear la expresión "Reino de Dios", ordinariamente dice "Reino de los Cielos". Muchos destinatarios de este evangelista eran judeocristianos y estaban acostumbrados, por respeto, a no pronunciar el nombre divino. Probablemente no hay diferencia de sentido entre las dos expresiones. La palabra griega, que emplea el evangelista, se puede traducir por "reinado", que viene a significar la soberanía o realeza de Dios, o por "reino", con un significado más espacial o geográfico.

Centro de la predicación de Jesús

Hemos hablado del Reino, pero no hemos dicho lo que es. En el evangelio de Mateo resume una gran parte del mensaje de Jesús de Nazaret, pero el evangelio no lo define. Jesús habla de él como de una realidad conocida, una realidad que se manifestará al fin de los tiempos, aunque ya ha comenzado con su venida. Es una realidad presente y futura, una realidad que está actuando en nuestro mundo, una realidad en marcha, en crecimiento hacia su realización plena.

Lo primero que hace Jesús en el evangelio de Mateo es anunciar el reinado de Dios con unas palabras solemnes: "Arrepentíos, porque está llegando el Reino de los Cielos" (Mt 4,17). Mateo pone en boca de Juan Bautista estas mismas palabras (Mt 3,2), pero mientras el último profeta del Antiguo Testamento anuncia el Reino en el desierto de Judea, en suelo judío, Jesús lo hará en Cafarnaún, lugar abierto a todos los pueblos.

El Reino fue confiado en primer lugar a Israel. Los judíos esperaban el Reino, un Reino de justicia y de paz, en el que renacería la esperanza de los pobres, en el que los oprimidos serían liberados, en el que cesaría todo sufrimiento (Sal 72). Esta esperanza estuvo siempre viva en el corazón del pueblo. Con la llegada de Jesús, los destinatarios del Reino ya no serán los israelitas, que rechazan al Mesías, sino todos aquellos hombres y mujeres que acojan este anuncio y se conviertan a Dios.

Jesús anuncia el Reino con palabras y con obras

En el evangelio de Mateo, el misterio del reinado de Dios anunciado por Jesús se va desvelando a través de sus enseñanzas y parábolas y se va haciendo presente a través de sus milagros.

Justo después del anuncio de Jesús, Mateo nos propone una larga catequesis sobre cómo buscar y acoger el reinado de Dios, que no se funda en el esfuerzo humano, sino en la fuerza ofrecida gratuitamente por Dios. Es el llamado "sermón de la montaña" (Mt 5-7). Más adelante, para explicar el misterio del Reino, Jesús emplea el lenguaje de las parábolas (Mt 13). No trata de definir lo que es el Reino, sino sólo de evocarlo: el Reino es algo que está en crecimiento como la semilla, que madura siempre que se lo permita el terreno (Mt 13,1-9) y crece de una forma irresistible, sin que el hombre tenga que empeñarse en ello (Mt 13,31-33). El segador estará vigilante para no perder ninguna espiga de trigo (Mt 13,24-30). Habla finalmente del Reino como de un tesoro para los que lo acogen (Mt 13,44-46).

Este reinado de Dios anunciado y evocado por Jesús se hace presente en sus milagros, especialmente en sus exorcismos y en sus sanaciones, que revelan quién es él y descubren la misión que viene a cumplir: establecer entre los hombres y mujeres el Reino de los Cielos (Mt 8-9). La persona que es transfigurada en su mismo cuerpo, liberada del dolor, de las enfermedades y de la muerte comprende, por el gesto liberador del Señor, que el Reino es Buena Noticia y que, de alguna manera, ya está presente.

Jesús envía a sus discípulos a difundir su mensaje (Mt 10). Reciben el encargo de anunciar la cercanía del Reino con palabras y con signos, es decir, de compartir su misión. Para ello, habrán de vivir como lo hacía Jesús: siempre en camino y con la confianza puesta en Dios, que cuida de ellos.

El Reino como vocación y tarea

Entrar en la dinámica del Reino supone abrirse al don gratuito de Dios –sólo él puede hacer crecer la semilla– y supone también acoger el anuncio gozoso de que hay esperanza para los hombres y mujeres. Entrar en la dinámica del Reino es ser receptivos a la curación que el Señor nos brinda, es acoger la llamada de Dios a la felicidad, es sentirnos enviados a continuar la tarea de Jesús en medio del mundo. Entrar en la dinámica del Reino es, finalmente, esforzarnos por hacer realidad en nuestras vidas los valores de las bienaventuranzas y abrirnos en la oración al Padre para pedirle: ¡Venga a nosotros tu Reino!

PARA PREPARAR EL PRÓXIMO ENCUENTRO

Como ya hemos visto en la sesión anterior, el Reino de los Cielos es un tema fundamental en la predicación de Jesús, y así lo encontramos reflejado en el evangelio de Mateo. Vamos a leer detenidamente Mt 5-7, intentando responder a las siguientes preguntas:

¿En qué lugares aparece la expresión "Reino de los Cielos"?
¿De qué se habla en esos pasajes?

4 LA SENDA DE LA FELICIDAD

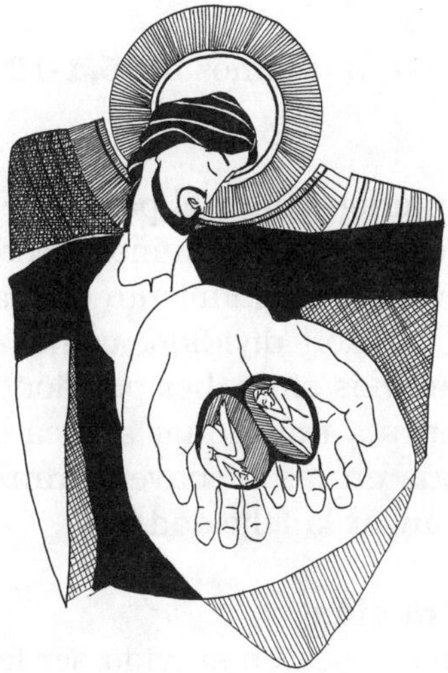

LECTURA CONTINUADA

Puesta en común sobre Mt 5-7

En la última sesión nos fijábamos en diversos episodios de la vida de Jesús tal como los relata Mateo en los capítulos 3 y 4 de su evangelio.

Entramos ahora, al leer Mt 5-7, en una sección con un aire distinto: ya no se trata de lo que Jesús hace, sino de aquello que dice, de su mensaje. Estamos ante un gran discurso denominado "sermón de la montaña", de gran importancia en el conjunto del evangelio, y al que vamos a prestar nuestra atención en esta sesión y en la siguiente.

Ya sabemos que el tema central de la enseñanza de Jesús es el "Reino de los Cielos". Mateo utiliza esta fórmula para expresar lo que otros evangelios llaman "Reino de Dios". Al leer esta sección, nos hacíamos una doble pregunta: *¿En qué lugares podemos encontrar la expresión "Reino de los Cielos"? ¿De qué se habla en esos pasajes?*

GUÍA DE LECTURA

"Porque de ellos es el Reino de los Cielos"

Antes de comenzar, buscamos **Mt 5,1-12**

➤ Ambientación

En la reunión anterior leímos el pasaje de las tentaciones de Jesús en el desierto y meditamos acerca de nuestras propias dificultades en el seguimiento cristiano. Y es que a veces tenemos el corazón dividido, como si estuviéramos en un cruce de caminos sin saber por dónde seguir. En la sesión de hoy, vamos a reflexionar acerca de la propuesta que nos hace Jesús en las bienaventuranzas, un camino auténtico para alcanzar la felicidad.

➤ Miramos nuestra vida

Todo ser humano busca en su vida ser feliz. No es tarea fácil. De hecho, vemos a muchas personas tristes, aburridas, cansadas... La sociedad, a través de sus medios de comunicación y propaganda, propone un estilo de vida que declara felices a unas determinadas personas. Estemos o no de acuerdo con ello, la verdad es que a menudo participamos de su forma de ver las cosas. Vamos a reflexionar sobre todo esto.

– *¿Qué caminos sugiere nuestra sociedad para llegar a ser felices?*

– *¿Qué crees tú que hace falta para ser realmente feliz?*

➤ Escuchamos la Palabra de Dios

La comunidad de Mateo también vive en una sociedad que propone determinadas formas de ser felices. Además, con el paso de los años, en aquellos cristianos comenzaron a hacer mella el cansancio y el aburrimiento, y la ilusión primera y las ganas de vivir al estilo de Jesús desaparecen. El evangelista tendrá que recordar cómo debe vivir un discípulo y cuál es el camino propuesto por el Maestro para llegar a la felicidad completa.

• Antes de escuchar la Palabra, hacemos un momento de silencio e invocamos la presencia del Espíritu Santo.

• Un miembro del grupo lee en voz alta Mt 5,1-12.

• Reflexionamos personalmente: leemos de nuevo estos versículos y consultamos las notas de nuestra Biblia, intentando comprender mejor el mensaje del texto.

• Respondemos juntos a estas preguntas:

– *¿A quiénes se dirigen las palabras de Jesús?*

– *Encontramos en todas las bienaventuranzas un mismo esquema, con dos partes en cada una de ellas. ¿Puedes indicar cuáles son?*

– *¿A quiénes declara felices Jesús?*

– *La razón de la felicidad aparece en la segunda parte de cada bienaventuranza. ¿Cuáles son esas distintas razones? ¿A qué se refieren todas ellas?*

➤ **Volvemos sobre nuestra vida**

Hemos visto cómo las bienaventuranzas, situadas al comienzo del sermón de la montaña, no son sólo una declaración de felicidad para el futuro; constituyen el centro del programa del Reino, las bases de la nueva sociedad. El texto, además de declarar felices a los más desfavorecidos, nos propone un determinado estilo de vida y señala un horizonte, el Reino, hacia el que caminar.

Al lado de las propuestas de nuestro mundo, Jesús señala otra forma de vivir: mirando hacia el reino del amor, tenemos que vivir amando. Comprendiendo el compromiso de Dios con la historia, debemos vivir comprometidos.

– *¿Tienes la experiencia de haber encontrado la felicidad viviendo alguna de estas actitudes?*

– *¿De qué formas concretas podemos vivir hoy las bienaventuranzas?*

➤ **Oramos**

Recogemos en forma de oración lo que la lectura y la meditación de este pasaje del evangelio de Mateo nos han sugerido.

• Un miembro del grupo lee de nuevo Mt 5,1-12.

• Durante unos minutos de silencio, oramos personalmente. Éste es un buen momento para elegir una de las bienaventuranzas y proponernos un compromiso concreto.

• Comunicamos al grupo la bienaventuranza elegida y nuestro compromiso.

• Podemos terminar recitando juntos el salmo 1 o cantando *Seréis bienaventurados*.

PARA PROFUNDIZAR

El sermón de la montaña

El evangelio de Mateo recoge cinco grandes discursos distribuidos estratégicamente a lo largo del libro. Con ello pretende subrayar la idea de que Jesús es el Mesías que salva no sólo con sus gestos y acciones, sino también con sus palabras y enseñanzas (Mt 4,23; 9,35). De todas formas, lo más probable es que ninguno de ellos fuera pronunciado de un tirón, tal y como hoy podemos leerlos. Más bien reúnen diversas instrucciones dichas en lugares y ocasiones diferentes. Fue, por tanto, el evangelista quien recogió todo ese material y luego lo ordenó para presentarlo de forma más catequética y comprensible a la comunidad a la que escribe.

¿Nueva ley?

El primero de estos discursos suele conocerse con el nombre de "sermón de la montaña" (Mt 5-7) debido al escenario donde fue pronunciado (compara Mt 5,1-2 con Lc 6,17-20). Este detalle recuerda aquel otro pasaje del libro del Éxodo en el cual la ley fue entregada al pueblo en el monte Sinaí. Por eso, muchos han insinuado que Mateo desea presentar a Jesús como un "nuevo Moisés" que, investido de una enorme autoridad, anula los antiguos mandamientos para establecer un nuevo orden de cosas.

Pero esta visión no es del todo correcta. De hecho, el primer evangelio fue escrito para una comunidad de cristianos de origen judío que seguían valorando y practicando la ley de Moisés y las costumbres religiosas propias del judaísmo: la limosna, la oración y el ayuno (Mt 6,1-18). Jesús afirma claramente que él no ha venido a abolir los preceptos de la ley, sino a revelar su verdadero y pleno significado (Mt 5,17). Los mandamientos siguen vigentes, pero no se pueden comprender con la mentalidad estrecha y mezquina de los escribas y fariseos. Ellos los cumplen al pie de la letra, pero se olvidan de su espíritu, que es la práctica del amor (Mt 5,21-48). Por eso, su justicia se queda corta para los discípulos de Jesús (Mt 5,20), que tratan de ir más allá y de buscar la voluntad de Dios tal y como el Maestro la ha interpretado y dado a conocer.

Programa de vida cristiana

El "sermón de la montaña" viene a ser de esta manera un auténtico programa de vida cristiana. No se trata de un reglamento donde todo está estipulado y detallado, sino de una especie de síntesis de las líneas maestras que deben guiar la vida del discípulo de Jesús, acompañadas de algunos ejemplos ilustrativos.

De hecho, aunque estas palabras parecen dirigidas a la gente en general (lee lo que dice Mt 5,1a; 7,28-29), los que se acercan a escucharlas de un modo particular son los discípulos (Mt 5,1b). Eso explica el carácter aparentemente excesivo de sus exigencias, que ciertamente resultan incomprensibles para quienes no se han decidido a seguir a Jesús y no han optado radicalmente por el Reino que él anuncia. Sólo si se lee con mentalidad de discípulo puede entenderse el "sermón de la montaña" como un verdadero programa de vida.

Proclamación del Reino

Ésa y no otra es la clave para entender y acoger estas palabras de Jesús. Cuando él proclama la llegada del Reino, exige también una inversión total de los criterios que imperan en este mundo. El mejor ejemplo de ello lo encontramos en las bienaventuranzas que encabezan este discurso (Mt 5,3-11). En ellas están reflejados una serie de valores alternativos que son los que guiaron la vida de Jesús y los que deben hacer suyos quienes le siguen. Son como el "retrato robot" al que deberían parecerse los verdaderos discípulos, el sendero por el que caminan los que descubren que no hay mayor dicha que hacer lo que Dios quiere.

Por eso, la búsqueda del Reino es el único criterio que debe guiar la vida de los cristianos (Mt 6,33). Ésa es la "justicia mayor" que el "sermón de la montaña" exige a los seguidores de Jesús para que puedan ser de verdad "sal de la tierra" y "luz del mundo" (Mt 5,13-16). El cumplimiento de los mandamientos y las prácticas religiosas siguen valiendo para ellos, pero no pueden quedarse ahí. Su máxima aspiración ha de ser la de ser fieles a la voluntad de Dios, y su mayor deseo, el de hacer lo que es justo ante sus ojos. En eso consiste la perfección que Jesús pide a los suyos (Mt 5,48).

Quizá parezca exigir demasiado, pero vale la pena vivir la experiencia de buscar la verdadera felicidad haciendo nuestro el estilo de vida del mismo Jesús. Sus palabras en el "sermón de la montaña" no son una lección aprendida de memoria, sino su propia experiencia propuesta como camino para todos aquellos que quieren seguirle como discípulos.

PARA PREPARAR EL PRÓXIMO ENCUENTRO

En esta sesión hemos visto que Mateo reúne algunas enseñanzas de Jesús en los discursos que coloca a lo largo del evangelio. Estas enseñanzas abarcan temas muy diversos. En muchos casos, son orientaciones de tipo moral en las que se habla de la conducta que habrán de tener los seguidores de Jesús.
Vamos a leer de nuevo los capítulos 5-7 teniendo en cuenta la siguiente pregunta:

¿Qué actitudes propone Jesús a los que quieren vivir como discípulos suyos?

5 PADRENUESTRO

LECTURA CONTINUADA

Puesta en común sobre Mt 5-7

En la sesión anterior hicimos una primera lectura del sermón de la montaña, fijándonos en las expresiones que se referían al "Reino de los Cielos". En la de hoy, vamos a poner en común lo que hemos descubierto acerca de la enseñanza de Jesús en estos tres capítulos (Mt 5-7). La pregunta que nos hacíamos era ésta: *¿Qué actitudes propone Jesús a los que quieren vivir como discípulos suyos?*

GUÍA DE LECTURA

"Vosotros orad así"

Antes de comenzar, buscamos **Mt 6,5-14**

➤ Ambientación

En la reunión anterior reflexionamos acerca del camino de la auténtica felicidad. Hoy intentaremos descubrir que, para hacer ese camino, no bastan las propias fuerzas; es necesario dejar que Dios actúe en nuestras vidas.

➤ Miramos nuestra vida

No todos los seres humanos tenemos delante el mismo rostro de Dios. Nuestros ritos y oraciones dicen mucho acerca de quién es él para cada uno de nosotros. Casi podríamos decir: "Dime cómo rezas y te diré en qué Dios crees". Vamos a pensar un momento cómo es nuestra oración.

– *¿Tenemos costumbre de rezar o sólo "nos acordamos de santa Bárbara cuando truena"?*

– *¿Qué actitudes predominan en nuestra oración: la petición, la alabanza, el agradecimiento?*

➤ Escuchamos la Palabra de Dios

La comunidad de Mateo está a la búsqueda de su propia identidad. Su procedencia en lo religioso es diversa, han roto con el judaísmo... Necesitan pararse y reflexionar, buscar respuesta a algunas preguntas fundamentales: ¿Cómo es nuestro Dios? ¿De qué forma debemos dirigirnos a él?

• Antes de escuchar la Palabra, hacemos un momento de silencio e invocamos la presencia del Espíritu Santo.

• Un miembro del grupo lee en voz alta Mt 6,5-14.

• Reflexionamos en silencio: leemos de nuevo esos versículos y tratamos de comprenderlos mejor consultando las notas de nuestra Biblia.

• Respondemos juntos a estas preguntas:

– *¿Qué formas de rezar critica Jesús en este pasaje?*
– *Cuando Jesús se refiere a Dios, ¿qué palabra utiliza?*
– *¿Cuántas veces aparece esa palabra en el padrenuestro?*
– *En el padrenuestro encontramos seis peticiones:*
  * *En las tres primeras se eleva la mirada a Dios y a su reino. ¿Qué se le pide a Dios?*
  * *Las tres siguientes mueven a Dios a mirar al ser humano. ¿Qué se le pide a Dios?*

➤ Volvemos sobre nuestra vida

Jesús muestra a sus discípulos que el verdadero rostro de Dios es el de un Padre a quien no hay que convencer con largos discursos. Con él hemos de buscar la intimidad, en la confianza de que escucha siempre al hijo que se acerca.

– *¿Qué nos enseña la oración del padrenuestro sobre nuestra manera de rezar?*

– *¿En qué cambiaría nuestra oración si descubriéramos realmente que Dios es nuestro Padre?*

➤ Oramos

Reconocernos como hijos nos obliga a orientar de nuevo la relación con el Padre. Ya no nos basta con provocar encuentros ocasionales con el Señor: tenemos que vivir en oración. Compartimos lo que la lectura y la meditación de este pasaje del evangelio de Mateo nos hayan sugerido.

• Un miembro del grupo lee de nuevo Mt 6,5-14.

• Guardamos silencio durante unos minutos, intentando escribir una breve oración que se ajuste a la enseñanza de Jesús en esos versículos y a las necesidades de los hombres y mujeres de nuestros días.

• Podemos leer ante el grupo las oraciones que hemos preparado.

• Terminamos recitando juntos el padrenuestro.

PARA PROFUNDIZAR

Grupos religiosos en tiempos de Jesús

A través del evangelio llega hasta nosotros mucha información acerca del ambiente religioso del mundo en que vivió Jesús, sobre todo de los grupos religiosos que configuraban el judaísmo. En este contexto vive la comunidad a la que el evangelista dirige su escrito. Vamos a repasar juntos algunos datos importantes para que comprendamos mejor el mensaje del evangelio.

El pueblo judío era monoteísta. Adoraba al único Dios en un único lugar: el templo de Jerusalén. Éste era el centro de peregrinación, y era allí donde se ofrecían los sacrificios rituales. Existía además otro lugar de encuentro, la sinagoga, donde se reunían los sábados a rezar y a leer las Escrituras.

Otro pilar del judaísmo era el estudio y el cumplimiento de la ley (la Torá), recogida en los cinco primeros libros de la Biblia (el Pentateuco). En ella se recordaba la liberación de la opresión egipcia y se recogían los preceptos que debían cumplir como respuesta al Dios libertador. La circuncisión era la señal de la Alianza entre Dios y su pueblo. Vivían esperando la llegada de un Mesías que establecería en la tierra el reinado de Dios.

Estas convicciones eran compartidas por los judíos en tiempos de Jesús, pero sabemos que existían diferentes corrientes religiosas, que acentuaban aspectos concretos. En tiempos de Jesús, los tres grupos de mayor importancia eran los fariseos, los saduceos y los esenios.

Los fariseos

El término "fariseos" procede del arameo *perash* y puede traducirse como "separados". El nombre sugiere así un tipo de mentalidad y espiritualidad puritana que les hacía vivir aislados del resto del pueblo. Presumían de mayor perfección que los demás y sospechaban de quienes no conocían o no practicaban la ley.

Era un grupo formado por gentes de diversa procedencia, unidos por el deseo de fidelidad a su religión en medio de la vida cotidiana. Esto se expresaba sobre todo en el cumplimiento de las normas de pureza ritual, la observancia del sábado y el diezmo (entrega de la décima parte de sus ingresos al templo). Un rasgo distintivo de su fe era la creencia en la resurrección. Comprometidos con el cumplimiento de la ley, la rodearon de infinidad de detalles sutiles y minucias, lo que les hizo caer en el formalismo religioso.

La visión que de ellos nos dan los evangelios refleja con frecuencia una situación tardía, en la que el judaísmo fariseo y la Iglesia cristiana viven enfrentados. Ésta es la imagen que encontramos en el evangelio de Mateo (Mt 23). Sin embargo, es muy probable que su relación con Jesús haya sido de cercanía y comprensión (Mc 12,28-34). En tiempos de Jesús había en Israel dos corrientes: la escuela de Hillel, más abierta, y la de Shammay, más conservadora.

El grupo de los fariseos logró sobrevivir a la destrucción de Jerusalén en el año 70 d.C. y se convirtió en el grupo más representativo del judaísmo. Las confrontaciones con los cristianos se acentuaron a partir de ese momento, tal como se aprecia en el evangelio de Mateo.

Los saduceos

Probablemente, reciben su nombre de Sadoc, sacerdote del templo de Salomón. Se trataba de un grupo compuesto mayoritariamente por judíos procedentes de la clase sacerdotal y de la aristocracia.

Mientras que los fariseos completaban la ley con la tradición de los mayores y una amplísima colección de normas para cada situación de la vida, los saduceos se atenían a la ley escrita tal como se hallaba en la Torá. Negaban la resurrección de los muertos (Mt 22,23-33), la existencia de ángeles y espíritus (Hch 23,8), y tampoco creían en la influencia de Dios en las acciones humanas, es decir, en la providencia.

En lo político, colaboraron con los invasores griegos y romanos. Desde su posición privilegiada en el sanedrín y en el templo, ejercían el control sobre la vida social, política y económica del país. Jesús denunció la degradación del templo y de sus sacerdotes, ganándose por ello la enemistad de los saduceos.

Los esenios

De los esenios no se habla ni una sola vez en los evangelios. Las noticias que tenemos de ellos nos llegan a través de historiadores de la época y de los documentos hallados en Qumrán.

El grupo de los esenios era mucho más amplio que la comunidad que vivía en el desierto de Judá. Grupos esenios se encontraban en las principales ciudades de todo el país. Vivían en comunidades, dedicados a la meditación y al estudio de la ley. Tenían los bienes en común, se comprometían con la práctica de la pobreza y la obediencia, y algunos de ellos abrazaban el celibato. Al frente de las comunidades había superiores a los que se debía obediencia absoluta. Las transgresiones se castigaban con severidad, llegando a la expulsión.

No participaban del culto del templo, sino que tenían sus ritos y ceremonias particulares: oración en común, banquete sagrado, baños y purificaciones. Eran muy severos en la observancia de sus reglas y tenían por principio el amor a los miembros de la comunidad. Los no pertenecientes a este grupo, "los de fuera", eran tachados de poco fervorosos y se mantenía una actitud de sospecha frente a ellos.

PARA PREPARAR EL PRÓXIMO ENCUENTRO

Para preparar nuestra próxima reunión, vamos a leer los capítulos 8 y 9, que agrupan un número importante de relatos de milagros. Jesús sigue anunciando el Reino, pero no ya con palabras, sino con signos o gestos de salvación. Mientras leemos estos capítulos, trataremos de responder a esta pregunta:

¿Con qué signos o acciones liberadoras anuncia Jesús el Reino de Dios?

6 EN MEDIO DE LA TEMPESTAD

LECTURA CONTINUADA

Puesta en común de Mt 8,1-9,35

Después de escuchar el largo discurso de Jesús (Mt 5-7), vamos a ver cómo la fuerza del Reino se revela a través de los signos o señales que hace. El dolor y el mal ya no tendrán la última palabra; el evangelista nos presenta sus milagros como señal de que el Reino de Dios está llegando.

Mateo tiende a agrupar y ordenar los materiales recibidos; presenta los milagros repartidos en tres ciclos. Entremezcla con ellos narraciones alusivas a la vocación de los discípulos y pequeños resúmenes de la actividad de Jesús.

Al preparar Mt 8,1-9,35 nos propusimos contestar a la siguiente pregunta: *¿Con qué signos o acciones liberadoras se anuncia el Reino de Dios?* Vamos a compartir lo que hemos descubierto en torno a este tema.

GUÍA DE LECTURA

"¿Por qué tenéis miedo, hombres de poca fe?"

Antes de comenzar, buscamos **Mt 8,23-27**

➤ **Ambientación**

Hasta ahora, en los últimos encuentros, hemos escuchado, sentados fielmente en la "ladera de la montaña", largas enseñanzas de Jesús. Nosotros conocemos un refrán que dice: "Obras son amores y no buenas razones". Seguramente, Mateo participaba de esta misma convicción, por lo que también quiso presentarnos a Jesús a través de sus gestos liberadores. Vamos a acercarnos a uno de ellos.

➤ **Miramos nuestra vida**

Vivimos una realidad que está en continuo movimiento. Hay mar de fondo, nuestro mundo está revuelto por el hambre, por el desempleo, por el terrorismo... También la Iglesia vive en la inseguridad, no pisa tierra firme. Vivimos en tiempos de travesía, vivimos en medio de la tempestad, y muchas veces las olas se agitan y tenemos miedo.

– *¿De qué tenemos miedo los cristianos?*

– *¿Qué olas sacuden hoy la barca de nuestro mundo, de nuestras comunidades, de la Iglesia?*

➤ **Escuchamos la Palabra de Dios**

El pasaje que vamos a leer describe una travesía. Los discípulos cruzan el lago desde una orilla a la otra; es una travesía difícil, que no puede hacerse sin Jesús. Él les dará el aliento que necesitan cuando llegue la tempestad.

• Nos preparamos para escuchar la Palabra de Dios haciendo unos instantes de silencio.

• Un miembro del grupo lee en voz alta Mt 8,23-27.

• Cada uno de nosotros vuelve a leer el pasaje y consulta las notas de su Biblia para poder comprenderlo mejor.

• Respondemos juntos a estas preguntas:

– *¿Cómo actúan los discípulos ante el miedo que les pro-*

voca la tempestad? ¿Qué les dice Jesús? ¿Qué gesto hace? ¿Cómo reaccionan ellos?

- *¿Qué nos dice, sobre Jesús, esta narración?*
- *El relato de la tempestad calmada está situado a continuación de la instrucción sobre el seguimiento (Mt 8,18-22). ¿Por qué Mateo lo coloca aquí?*
- *¿Qué habrá querido simbolizar el evangelista con la tempestad y con la barca amenazada por las olas? ¿Qué quiso decir Mateo a su comunidad en este pasaje?*

➤ Volvemos sobre nuestra vida

Hoy vivimos tiempos de travesía en la Iglesia. Hemos dejado una orilla y aún no hemos llegado a la otra. El que se embarca con Jesús sabe que va a atravesar momentos de dificultad, sabe que va a tener que pasar miedo.

– *¿Qué hacemos hoy los cristianos cuando nos asaltan los miedos? ¿Hasta qué punto sabemos que no estamos solo en la travesía de la vida?*

– *¿Nos implicamos en la vida de nuestra Iglesia cuando la sacuden las olas? ¿De qué modo?*

– *¿Crees que el relato de la tempestad calmada puede comunicarnos hoy algún mensaje? ¿Qué nos hace descubrir?*

➤ Oramos

Terminamos el encuentro reservándonos un espacio tranquilo para la oración. Hemos compartido entre nosotros y nosotras, hemos escuchado la Palabra; ahora vamos a dirigirnos juntos a Dios en forma de petición y de acción de gracias. Este tiempo de oración tendrá tres momentos.

• En el primero, los miembros del grupo expresaremos situaciones en las que los cristianos y la Iglesia tenemos miedo. Después de cada participación, diremos todos juntos: "Sálvanos que perecemos".

• A continuación, cada participante del grupo da gracias a Dios por los signos que vemos de que Jesús camina con nosotros y nosotras, camina con nuestra Iglesia. Entre cada intervención, diremos juntos: "Gracias, Señor, por permanecer en nuestra barca".

• Terminaremos recitando juntos el salmo 27 (26): "El Señor es mi luz y mi salvación" o cualquier otro que exprese nuestra confianza.

PARA PROFUNDIZAR

Los milagros en el evangelio de Mateo

Por la carta que recibimos de las primeras comunidades cristianas y que leímos en la primera sesión, supimos que Mateo elaboró su evangelio aprovechando el material que encontró en Marcos. Fue en este evangelio donde encontró la mayoría de los milagros que narra, aunque su presentación es un poco diferente a la de Marcos. En Mt 8-9 ha reunido nueve de estos milagros, agrupándolos de tres en tres. A través de ellos podemos captar cuál es el sentido que los milagros de Jesús tenían para él.

Los rasgos de Cristo en los milagros

No todos los evangelistas cuentan los milagros de la misma manera. Cada uno de ellos elabora sus narraciones de una forma personal, los relata en función de los rasgos de Cristo que quiere resaltar. Marcos ve a Jesús de una manera muy humana. Cuando sana de una enfermedad Jesús a veces parece un curandero: aparta a la gente, mete los dedos en los oídos, toca la lengua con saliva (Mc 7,31-37). Mateo, en cambio, narra los milagros de manera más simplificada, más sobria, suprimiendo los detalles secundarios. Parece que tiene más respeto a Jesús: le presenta como al Señor soberano. El milagro que hemos analizado en la sesión de hoy tiene un paralelo en Marcos (Mc 4,36-41). Para este evangelista, los discípulos suben a Jesús a la barca. En cambio, Mateo es más solemne. Jesús parece más distante; es él quien toma la iniciativa de embarcar, y los discípulos le siguen. Para el primer evangelista, la barca de Jesús no será una entre tantas (Mc 4-36), sino que será la única (Mt 8,23). Marcos presenta un Jesús demasiado humano; Mateo, en cambio, da una imagen más grandiosa y soberana de él.

En el fondo, a través de los milagros, Mateo no quiere contar lo que hace Jesús, sino quién es. Es alguien que se compadece de nosotros y cura nuestras enfermedades. Es alguien que tiene poder sobre las tormentas, sobre los demonios y sobre los pecados. Siguiendo la narración de cada signo salvador descubriremos progresivamente quién es Jesús y cuál es su proyecto: establecer entre los hombres y mujeres el Reino de los Cielos. Estos relatos nos invitan a acercarnos a él y descubrir su fuerza liberadora.

El milagro, lugar de encuentro personal con Jesús

Los relatos de los milagros no son nunca reportajes neutros, sino que tratan de interpelar al lector. Mateo, al narrarnos los milagros, quiere subrayar el encuentro personal de Jesús con aquel o aquella que se le acerca, que se postra delante de él. No necesita bajar a detalles en el relato; sin embargo, resalta el diálogo de Jesús con los diversos personajes (Mt 9,27-28). Si comparamos el milagro de la curación de la suegra de Pedro (Mt 8,14-15) con la tradición de Marcos (Mc 1,29-31), vemos que Mateo se centra en lo esencial; no le interesa de dónde viene, ni a dónde va, ni con quién va; no hace falta que le digan que está enferma: él mismo se acerca a aquella mujer que necesitaba ser curada. Mateo suprime personajes secundarios y sólo se centra en el encuentro personal con esa mujer.

La fe y los milagros

Otro de los rasgos propios de la visión que tiene Mateo de los milagros es la importancia de la fe. En muchos casos introduce retoques que subrayan la necesidad de la fe para descubrir el verdadero sentido de los signos de Jesús. En sus narraciones pone de relieve la estrecha relación que existe entre la fe y el milagro: la fe es la condición necesaria para que se realicen los signos que manifiestan la llegada del Reino. La fe es el tema del diálogo que Jesús mantiene con dos ciegos que quieren ser curados: "¿Creéis que puedo hacerlo?..., que os suceda según vuestra fe" (Mt 9,28-29). La fe establece una relación personal con Jesús; es el ámbito en el cual se da el encuentro salvador con él. La fe del leproso (Mt 8,1-4) y la del centurión (Mt 8,5-13) arrancan a Jesús su poder salvador. La fe es una condición para que Jesús haga el milagro: "Vete y que suceda según tu fe" (Mt 8,13; 9,29)

La fe debe ser la principal actitud que caracteriza al discípulo. El Jesús que presenta Mateo reprocha a sus seguidores su "poca fe" frente a los de fuera, a los que no pertenecen al grupo de Jesús: la mujer cananea (Mt 15,28) y el centurión pagano (Mt 8,10). Estas personas, ajenas a la fe de Israel, expresan su confianza en Jesús y en su poder de curación, manifiestan su fe en el poder de su palabra. Jesús admira y ensalza ante sus discípulos la fe de este hombre y de esta mujer.

También hoy nosotros estamos enfermos, rotos, y vivimos con miedo, pero tenemos la certeza de que Dios sigue presente entre nosotros, de que sigue haciendo milagros, de que sigue poniendo signos liberadores en nuestras vidas. Pero para que esto suceda es necesaria la fe, que implica estar abiertos a las señales de su amor, dispuestos a acoger su don. Sólo así percibiremos su presencia salvadora.

PARA PREPARAR EL PRÓXIMO ENCUENTRO

Para preparar el próximo encuentro, leeremos Mt 9,36-11,1. Se trata de un discurso en el que Jesús da instrucciones a sus discípulos acerca de la misión. Mientras leemos estos capítulos, intenta responder a estas preguntas:

¿Qué tarea encarga Jesús a sus discípulos?
¿Qué destino les aguarda?

7 COMO OVEJAS EN MEDIO DE LOBOS

LECTURA CONTINUADA

Puesta en común sobre Mt 9,36-11,1

En los encuentros cuarto y quinto tomamos contacto con el primero de los cinco grandes discursos de Mateo, destinado a todos sus seguidores: el sermón de la montaña (Mt 5-7). En la sesión de hoy nos acercaremos al segundo, dirigido esta vez a los Doce, aquellos que Jesús asocia estrechamente a su misión (Mt 10,1-5;11,1). Mateo escribe su evangelio para una comunidad que vive en la persecución, y con este discurso pretende ayudarles a entender lo que están viviendo y animarles para que sigan difundiendo el mensaje del Reino.

Vamos a intentar ahondar en esta instrucción del Señor. Para preparar esta sesión, nos propusimos leer Mt 9,36-11,1 y contestar a estas preguntas: *¿Qué tarea encarga Jesús a sus discípulos? ¿Qué destino les aguarda?*

GUÍA DE LECTURA

"El discípulo no es más que su Maestro"

Antes de comenzar, buscamos **Mt 10,16-25**

➤ Ambientación

En los encuentros anteriores, Mateo nos ha presentado a Jesús y nos ha mostrado de qué manera anuncia el Reino. En la sesión de hoy vamos a dar un paso más: vamos a ver cómo el Maestro pide a los Doce que sean sus testigos. La misión que les encarga les complicará la vida, pero el Señor les sostendrá hasta el final (Mt 10,26-33).

➤ Miramos nuestra vida

Se dice que "el hombre es un lobo para el hombre". Muchas personas han programado su vida para triunfar, y lo hacen a costa de los demás, se alimentan como aves rapaces de los otros. No tienen problemas para explotar a los demás en el mundo del trabajo o de la política. Otros, en cambio, han optado por vivir desde unas posturas más solidarias con los más débiles de la sociedad, pero se han sentido con frecuencia incomprendidos y perseguidos por los que viven desde los esquemas del poder.

– *¿Crees que estas situaciones se dan en nuestras ciudades o pueblos? ¿Nos sentimos algunas veces como ovejas en medio de lobos? ¿Cuándo?*

➤ Escuchamos la Palabra de Dios

En el momento en el que Mateo escribe su evangelio, los cristianos eran perseguidos por los judíos y por los paganos. En el seno de las mismas familias nace la división por causa de Jesús; los conflictos eran previsibles, el Maestro ya los había anunciado.

• Nos preparamos para acoger la Palabra de Dios con unos momentos de silencio.

• Proclamamos Mt 10,16-25.

• Cada uno de los miembros del grupo vuelve a leerlo despacio, consultando las notas de su Biblia.

• Finalmente, todos juntos tratamos de responder a las siguientes preguntas:

– *¿Qué destino aguarda a los seguidores de Jesús?*

– *¿Cuáles son las dificultades que encontrarán como misioneros cristianos?*

– *¿Quién persigue a los discípulos?*

– *¿Qué instrucciones da Jesús para ayudar a sus seguidores en la persecución?*

– *¿No parecen contradictorias?*

– *¿Qué relación presenta el pasaje entre el discípulo y el maestro?*

➤ **Volvemos sobre nuestra vida**

Con frecuencia, los cristianos convivimos con la injusticia. Constatamos que hay situaciones de opresión en nuestra sociedad, en el mundo del trabajo o de la familia, pero no siempre nos implicamos, no las denunciamos.

Evitamos el conflicto y nos limitamos a no hacer daño a los demás y a cumplir con una serie de normas y prácticas religiosas.

– *¿Te has sentido alguna vez amenazado por seguir el ejemplo de Jesús?*

– *Si somos seguidores de Jesús, ¿no deberíamos correr su misma suerte?*

– *¿Qué invitación percibes personalmente y como comunidad cristiana al leer este pasaje?*

➤ **Oramos**

Vamos a llevar a la oración todo lo compartido, todo lo que se ha despertado en nosotros al ponernos a la escucha de la Palabra. Estamos, sin duda, más animados a arriesgarnos para anunciar, con palabras y obras, la Buena Noticia. Otros, antes que nosotros, supieron entregar su vida por Jesús y su Reino.

• Después de un momento de silencio, leemos una vez más Mt 10,16-25.

• Tras unos momentos de oración personal, iremos recordando, entre todos, a los testigos cercanos o lejanos que hayan sufrido persecución por encarnar los valores del Evangelio, por anunciar a Jesús en el mundo. Después de cada intervención, decimos juntos: "Te damos gracias, Señor, por enviarnos testigos".

• Terminamos cantando *Tengo que gritar* o bien el canto *Testigos*.

PARA PROFUNDIZAR

Origen del evangelio de Mateo

En el primer encuentro de este año, leímos una carta que nos enviaron los cristianos de las comunidades que vivían en torno a la ciudad de Antioquía de Siria. Ellos conocían el evangelio de Marcos, pero decidieron escribir otro libro que les ayudara a vivir su proyecto cristiano. Querían un manual para la predicación y la catequesis, adaptado a la realidad en la que se movían. Este nuevo libro sería el evangelio de Mateo.

Los evangelios sinópticos

Hoy, los cristianos nos encontramos con tres evangelios muy parecidos. Muchas veces sus autores cuentan las mismas cosas, incluso a veces con las mismas palabras. Se trata de los libros atribuidos a Mateo, Marcos y Lucas. A estos evangelios los llamamos sinópticos, por sus semejanzas, porque, si los colocamos uno junto a otro y los miramos conjuntamente (*syn-opsis*), dan la impresión de ser parecidos. Este hecho nos hace pensar que han podido copiarse entre sí o bien que han tenido "fuentes" comunes, en las que se han inspirado. Llamamos "fuentes" a las primeras tradiciones orales o "apuntes escritos", a las colecciones de dichos y relatos de Jesús que circulaban entre las primeras comunidades cristianas.

El evangelio de Mateo

Es muy probable que la comunidad de Mateo conociera el

evangelio de Marcos, pues ha seguido su mismo trazado. Aunque al principio se distancia algo de él, añadiendo una larga presentación de Jesús (Mt 1,1-4,16) y reorganizando el comienzo del ministerio de Jesús en Galilea (Mt 4,16-13,52), a partir del capítulo 14 sigue muy de cerca a Marcos.

El evangelio de Mateo es mucho más extenso que el de Marcos (28 capítulos frente a 16) y contiene muchos discursos de Jesús que no están en Marcos. Gran parte de estos discursos fueron compuestos con ayuda de otra "fuente" que contenía sólo dichos de Jesús. A esa "fuente" los estudiosos de la Biblia la llaman Q (de la palabra alemana *Quelle*, "fuente"). Finalmente, Mateo contó con una serie de recuerdos de Jesús que se habían conservado en su comunidad.

Con todo ello Mateo, que es un hombre ordenado, con capacidad de sintetizar y un excelente catequista, escribe otro libro distinto del de Marcos, enriquecido con otras "fuentes" y adaptado a la situación que vive su comunidad. Mateo dejará su propia huella y transmitirá a su comunidad, de una manera peculiar, quién es Jesús y cuál es su mensaje.

La teoría de las dos fuentes

Ya sabemos que el evangelio de Mateo se forma a partir del evangelio de Marcos, de una "fuente" de palabras de Jesús y de tradiciones particulares propias de su comunidad. Veremos que este mismo esquema se reproduce en la formación del evangelio de Lucas.

Acabamos de decir que entre los tres evangelios sinópticos hay muchas semejanzas, pero no podemos negar que también existen diferencias. La extensión de los tres libros es diferente. Mientras Mateo y Lucas narran, de una manera muy distinta, el nacimiento y la infancia de Jesús, Marcos no describe esta etapa de la vida del Señor.

Durante muchos años, los especialistas han estudiado este fenómeno y se han puesto de acuerdo para explicarlo mediante la "teoría de las dos fuentes". Podemos resumirlo con tres afirmaciones:

Marcos es el evangelio más antiguo, y Lucas y Mateo lo toman como modelo de referencia. Esta afirmación explica las semejanzas entre estos tres evangelios.

Mateo y Lucas recogen dichos de Jesús de la fuente Q. Marcos no utiliza esta "fuente" para escribir su evangelio. Esto explica la existencia de pasajes comunes en el primer y tercer evangelistas, ausentes en la obra de Marcos.

Mateo y Lucas disponen de tradiciones propias de sus comunidades. Eso hace que encontremos pasajes que sólo aparezcan en un evangelio.

Estas relaciones pueden resumirse en el siguiente esquema:

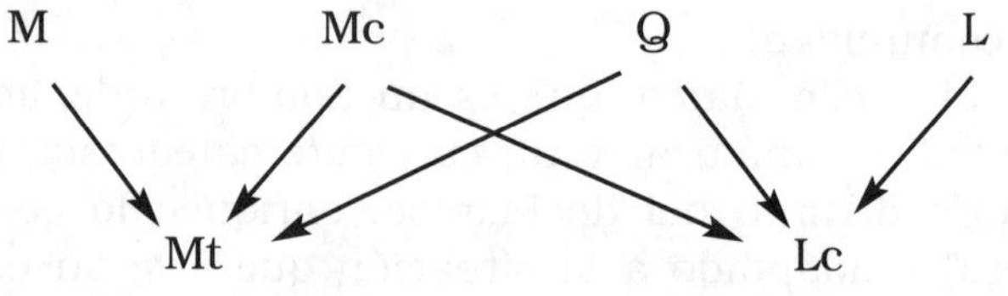

Es probable que, en algunas ocasiones, os hayáis preguntado el porqué de las semejanzas y de las diferencias que existen entre los evangelios sinópticos. Probablemente, con esta pequeña presentación de la formación de los evangelios, que solemos llamar "cuestión sinóptica", hayáis podido aclararos un poco más sobre este tema tan complejo. Ésa ha sido al menos nuestra intención.

PARA PREPARAR EL PRÓXIMO ENCUENTRO

Para preparar la próxima reunión leeremos Mt 11,2-12,50. En esta sección comprobaremos que no todos acogen del mismo modo la Buena Noticia del Reino. Algunos, incluso, se oponen a ella abiertamente. Por eso trataremos de responder a la siguiente pregunta:

¿Quiénes rechazan el Reino que Jesús anuncia con sus palabras y obras?

8 UN YUGO LIGERO

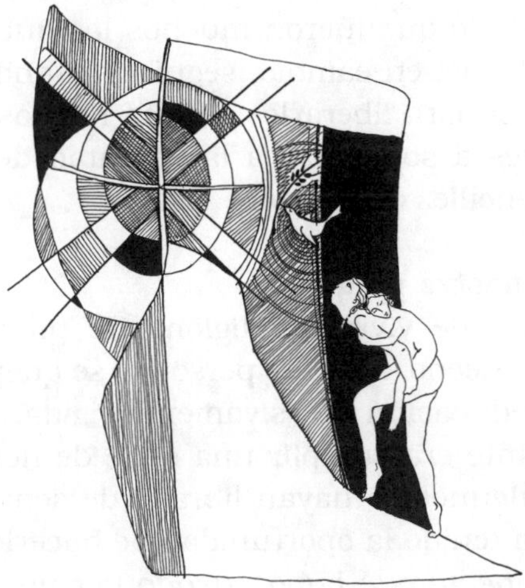

LECTURA CONTINUADA

Puesta en común sobre Mt 11,2-12,50

Lo que está en juego en los capítulos 11 y 12 del evangelio de Mateo es la actitud con la que Israel acoge a Jesús-Mesías, cuya misión consiste en hacer presente el Reino de Dios. Mientras Juan el Bautista duda sobre su verdadera identidad (Mt 11,2-3), otros darán la espalda a su mensaje. A propósito de ello, nos propusimos responder a esta pregunta: *¿Quiénes rechazan el Reino que Jesús anuncia con sus palabras y obras?*

GUÍA DE LECTURA

"Mi yugo es suave y mi carga ligera"

Antes de comenzar, buscamos **Mt 11,25-30**

➤ Ambientación

En encuentros anteriores vimos cómo Jesús hacía presente el Reino de los Cielos con palabras y obras. Hoy hemos constatado que fueron muchos los que rechazaron su mensaje. Jesús, en cambio, seguía invitando a la gente a acercarse a él para liberarles de una religiosidad opresiva y enseñarles a someterse a la voluntad del Padre con humildad y sencillez de corazón.

➤ Miramos nuestra vida

Hay maneras de vivir la religión que pueden resultar agobiantes. De hecho, muchas personas se quejan de haber recibido una educación excesivamente rígida, en la que lo único importante era cumplir una serie de normas. No es extraño que algunos se hayan librado de semejante carga en cuanto han tenido la oportunidad de hacerlo.

– *¿Conoces gente que haya pasado por una experiencia similar?*

– *¿Crees que es ésa una manera adecuada de enfocar la vivencia de la fe? ¿Por qué?*

➤ Escuchamos la Palabra de Dios

También en tiempos de Jesús la gente experimentaba una verdadera fatiga al tener que soportar una religiosidad hecha de preceptos. La invitación que el Señor les dirige promete el verdadero reposo, aunque para ello proponga unos medios que pueden parecer desconcertantes.

• Nos ponemos en disposición de escuchar la Palabra de Dios guardando un momento de silencio y pidiendo el auxilio del Espíritu Santo.

• Un miembro del grupo proclama Mt 11,25-30.

• Reflexionamos en silencio: leemos personalmente el pasaje y consultamos las notas de nuestra Biblia para que nos ayuden a entenderlo mejor.

• Respondemos entre todos a estas preguntas:

– *Este pasaje está compuesto por tres partes diferentes. ¿Sabrías identificarlas?*

– *¿Por qué Jesús da gracias al Padre en su oración?*
– *¿Qué tipo de relación existe entre ambos, según el texto?*
– *¿Por qué están "fatigados y agobiados" los que son invitados a acercarse a Jesús? ¿Quiénes son los responsables de esa situación? (Encontrarás la respuesta leyendo Mt 23,2-4).*
– *¿Qué les propone Jesús para encontrar el descanso?*
– *¿Cómo se explica que el yugo de Jesús pueda otorgar el reposo?*

➤ Volvemos sobre nuestra vida

Jesús prometió liberar a cuantos vivían oprimidos por el legalismo de los fariseos a condición de cargar con el yugo del Reino, que consiste en hacer la voluntad de Dios y practicar el amor. Para ello no basta cumplir con unas normas más o menos difíciles de observar, sino que es necesaria una manera totalmente nueva de enfocar la relación con Dios y con los demás.

– *¿Qué significa para ti, en este momento de tu vida, cargar con el yugo de Jesús?*

– *¿En qué sentido te parece su propuesta más exigente que la de los fariseos? ¿Cómo puede ayudarte a encontrar el verdadero reposo para tu vida?*

➤ Oramos

Dedicamos unos momentos a recoger en forma de oración lo que nos haya inspirado el contacto con la Palabra que hemos leído y compartido.

• Tras prepararnos con un breve silencio, leemos de nuevo Mt 11,25-30.

• Rezamos personalmente a partir del pasaje que hemos escuchado.

• Oramos comunitariamente, expresando cómo resuena dentro de cada uno la invitación de Jesús a cargar con su yugo.

• Podemos acabar cantando *Venid a mí* u otro canto adecuado.

PARA PROFUNDIZAR

Jesús, en el evangelio de Mateo

Jesús es único, pero cada evangelista lo contempla desde su punto de vista, haciendo resaltar de un modo particular aquellos aspectos del misterio de su persona que podían resultar más significativos para las comunidades a las que se dirigían sus escritos. El evangelio de Mateo, dedicado a una iglesia abierta a la misión entre los paganos, pero compuesta mayormente por cristianos que provenían del judaísmo, aplica a Jesús los siguientes títulos:

Mesías

Desde el comienzo mismo de su obra, Mateo deja claro que Jesús es el Mesías enviado a Israel (Mt 1,1). En los evangelios de la infancia refleja un interés muy particular por presentarle como el "Hijo de David" que ha venido a cumplir las antiguas profecías (Mt 1,1.6.17.20; 2,6). Pero el significado de este título es ambiguo y puede dar lugar a malentendidos. Por eso lo usa poco en el resto de su obra. El mismo Jesús, que jamás lo utiliza para referirse abiertamente a sí mismo, discute en alguna ocasión sobre la conveniencia de aplicárselo (Mt 22,41-46). De hecho, el mesías esperado por muchos judíos era visto como un liberador político que vendría a reconstruir la gloria perdida del reino de David. Jesús no respondió a esas expectativas y fue rechazado por su pueblo, que no entendió su anuncio del reinado de Dios, hecho desde el servicio y la humildad (Mt 2,1-12; 11-12).

Hijo de Dios

Para Mateo, éste es el título que mejor expresa la verdadera identidad de Jesús. Por eso no tiene inconveniente en aplicárselo a lo largo y ancho de su obra, precisamente en los momentos claves de su vida y misión: antes de su nacimiento (Mt 2,15); durante su bautismo (Mt 3,17); en la transfiguración (Mt 17,5); en la cruz (Mt 27,54) y después de la resurrección (Mt 28, 16-20). Sus mismos discípulos lo reconocen como tal (Mt 14,33; 16,6). De hecho, Mateo es el evangelio sinóptico en el que Jesús se refiere más veces a Dios llamándole "mi Padre", dando a entender de este modo la relación absolutamente particular que le une a él (Mt 11, 27). En cambio, nunca utiliza su filiación divina en beneficio propio, ni se aprovecha del poder que le viene de lo alto (Mt 4,1-11; 27,39-43). Su condición de Hijo se demuestra al someterse totalmente a la voluntad del Padre.

Señor

Los personajes del primer evangelio se dirigen frecuentemente a Jesús llamándole "Señor", aunque curiosamente este apelativo nunca aparece en boca de sus adversarios, que prefieren otros títulos, como el de "maestro". Es, pues, un tratamiento que implica consideración, confianza y reconocimiento de su autoridad. Pero no sólo eso. La versión griega del Antiguo Testamento que manejaron los primeros cristianos utilizaba la palabra "Señor" para traducir el nombre de Yavé. Cuando Mateo cita a los profetas, sigue refiriéndose a Dios de este modo (Mt 1,22; 2,15), pero también aplica ese título a Jesús. En tal caso, significa mucho más que una expresión de respeto hacia una persona venerable. Decir que Jesús es "Señor" es insinuar su condición divina, viendo en él al Resucitado que está presente y actúa con poder en la Iglesia y se manifestará gloriosamente como juez al final de los tiempos.

Dios con nosotros

De un modo aún más explícito, Jesús es llamado Enmanuel, que significa precisamente "Dios con nosotros". Mateo ha situado las referencias a este nuevo nombre de Jesús en tres lugares clave de su evangelio: al principio (Mt 1,22-23), en medio (Mt 18,20) y al final (Mt 28,20), como si quisiera abrazar con ellas todo su escrito. De este modo pretende facilitar a sus lectores una clave fundamental para entender al personaje principal de su relato.

Jesús es aquel que manifiesta de un modo palpable y concreto la presencia de Dios en medio de su pueblo. Por tanto, la antigua alianza entre Yavé e Israel ya no se puede vivir al margen de la relación personal con Jesús, que vive entre los suyos y acompaña a la Iglesia en su misión.

Hijo del hombre

Como en el resto de los sinópticos, Jesús también utiliza este título para referirse a sí mismo en el evangelio de Mateo. El origen de esta designación es muy discutido y lo suficientemente ambiguo como para dar a entender diversos aspectos de su persona y su mensaje. De hecho, a menudo designa la fragilidad de su existencia humana (Mt 8,20) o su entrega total hasta la muerte (Mt 17,22; 20,18; 26,2). Otras veces, en cambio, manifiesta su condición mesiánica (Mt 16,28; 19,28), recuerda el poder absoluto del que goza gracias a su resurrección (Mt 28,18 comparado con Dn 7,14) o indica su última venida como juez al final de los tiempos (Mt 13,41; 25,31).

Éste es el rostro de Jesús que Mateo quiso presentar a su comunidad, acentuando aquellos rasgos que mejor podían iluminar la fe de aquellos cristianos a los que escribía. ¿Qué imagen de Jesús ofrecemos nosotros, los creyentes de hoy, con nuestro modo de vida y de testimonio? ¿Transparentamos el rostro de Cristo para quienes nos rodean o más bien lo oscurecemos?

PARA PREPARAR EL PRÓXIMO ENCUENTRO

Para preparar la próxima reunión, vamos a leer Mt 13,1-52. Esta sección del evangelio contiene una pequeña colección de siete parábolas. Fíjate, sobre todo, en el comienzo de las mismas y comprobarás que coincide en casi todas ellas. Entonces podrás responder a la siguiente pregunta:

¿De qué tema hablan las parábolas de Jesús?

9 EL MISTERIO DEL REINO

LECTURA CONTINUADA

Puesta en común sobre Mt 13,1-52

Las parábolas que aparecen en esta sección de Mateo no son cuentecillos para entretener al auditorio, sino un modo particular de seguir anunciando el mismo mensaje que ocupa toda la predicación de Jesús. Por eso, la pregunta que debíamos responder era ésta: *¿De qué tema hablan las parábolas de Jesús?*

GUÍA DE LECTURA

"Dejad que crezcan juntos hasta el tiempo de la siega"

Antes de comenzar buscamos **Mt 13,24-30**

➤ **Ambientación**

A pesar del rechazo, Jesús sigue anunciando la Buena Noticia utilizando todos los medios que están a su alcance, incluidas las parábolas. En estas narraciones, a primera vista ingenuas, pero cargadas de un profundo significado, se nos revela el misterio del Reino y se nos invita a tomar postura frente al novedoso mensaje sobre Dios que en ellas se contiene.

➤ **Miramos nuestra vida**

A todos nos gustaría vivir en un mundo perfecto donde el mal pudiese ser arrancado de raíz. Pero la experiencia nos enseña que el bien y el mal conviven codo a codo en cada persona, en cada grupo, en cada institución... A veces se reconocen a simple vista, pero otras están tan íntimamente ligados que cuesta distinguirlos con facilidad. Nada ni nadie es tan malo que no tenga cosas buenas... y al revés. En cambio, casi siempre juzgamos demasiado deprisa y no sabemos distinguir el "trigo limpio" que crece entre las "malas hierbas", o viceversa.

– *¿Qué sientes cuando ves que dentro de ti o en la realidad que nos rodea el mal y el bien se mezclan tan estrechamente?*

– *¿Te has equivocado alguna vez al juzgar a otras personas o situaciones? Cuenta alguna experiencia que hayas tenido.*

➤ **Escuchamos la Palabra de Dios.**

La parábola que vamos a leer nos invita a desarrollar la paciencia histórica necesaria para vivir en un mundo donde el bien y el mal comparten un mismo espacio. Frente a los que desearían erradicar precipitadamente lo negativo de este mundo, Jesús advierte contra el riesgo de querer decidir demasiado pronto lo que es trigo y lo que es cizaña, lo que hace crecer y madurar el Reino y lo que lo perjudica.

• Nos preparamos para escuchar la Palabra de Dios con un momento de silencio e invocamos la presencia del Espíritu Santo.

• Un miembro del grupo proclama en voz alta Mt 13,24-30.

• Reflexionamos en silencio: cada uno vuelve a leer personalmente el pasaje y consulta las notas de su Biblia para poder entenderlo mejor.

• Respondemos entre todos a estas preguntas:

– *¿Con qué se compara el Reino de los Cielos en esta parábola?*

– *¿Cómo reaccionan los siervos cuando advierten que el campo de trigo está sembrado de cizaña? ¿Por qué?*

– *¿Qué les responde el dueño del campo? ¿Por qué?*

– *¿Cuál de estas dos posturas parece más razonable desde la lógica humana?*

– *¿Qué nos enseña esta parábola sobre Dios y su Reino?*

➤ Volvemos sobre nuestra vida

También la Iglesia y cada una de nuestras comunidades son espacios donde están presentes a la vez lo bueno y lo malo. A menudo esto nos hace sufrir, y no acabamos de entender por qué entre los que nos llamamos seguidores de Jesús ha de crecer también la cizaña. En ciertas situaciones seríamos partidarios de soluciones drásticas y tajantes que acabasen de un plumazo con ciertos escándalos y malos ejemplos. Nos cuesta dar tiempo al tiempo y hasta dudamos de que algunas personas y situaciones se puedan corregir.

– *¿Cómo reaccionas cuando en la Iglesia o en tu comunidad se hace presente el mal?*

– *¿Que te enseña esta parábola de Jesús a la hora de enfrentarte a esas situaciones?*

➤ Oramos

Concluimos nuestro encuentro con un momento de oración recogiendo en forma de plegaria lo que la Palabra que hemos leído y compartido nos inspire.

• Para ambientar este momento, podemos mezclar recortes de prensa o fotografías que evoquen situaciones positivas y negativas, derramando sobre ellos algunas semillas.

• Oramos personalmente.
• Expresamos comunitariamente nuestra oración.
• Acabamos cantando *Anunciaremos tu Reino* o recitando el salmo 126 (125): "Cuando el Señor cambió la suerte de Sión".

PARA PROFUNDIZAR

Para que se cumpliera la Escritura

Al leer el evangelio de Mateo nos llama la atención el gran número de ocasiones en las que cita el Antiguo Testamento. En el trasfondo de este hecho es fácil descubrir la influencia de la religiosidad judía, siempre atenta a la Escritura para recordar y actualizar la historia del amor de Dios con su pueblo. Vamos a detenernos un momento en la importancia de la Biblia para los judíos y en la presencia de la Escritura en este evangelio.

La lectura judía de la Biblia

La liberación de la esclavitud egipcia es el hecho fundamental de la historia de Israel. Este acontecimiento, la Alianza y las normas concretas que en adelante regularían la relación entre Dios y su pueblo están contenidos en la Torá, la ley a la que viven ligados los judíos desde siempre. Pero esta ley no es considerada "palabra muerta", a modo de una pieza de museo, sino una realidad viva. Para un judío, la Palabra es intocable en cuanto texto escrito, pero su comprensión debe actualizarse día a día, porque Dios ha hablado pensando en todos los tiempos futuros. Según esto, todo está contenido en la Torá, y ésta puede iluminar la vida entera.

De este principio general se sigue una actuación concreta: es necesario investigar de qué forma cada situación de la vida está recogida en la Escritura. Esta investigación constituye una actitud básica del pueblo judío: ver todas las cosas a la luz de la Palabra de Dios. Desde esta actitud, la Palabra ilumina la vida del pueblo, y esa vida enriquece, concretando y aportando matices, el sentido de la Escritura.

Se puede, pues, hablar de una Biblia viviente junto a la Biblia escrita. Ésta inmutable, aquella actualizada a cada momento. Entre los judíos, esto se plasmó siguiendo básicamente dos modelos de comentarios: el targum y el midrás. El targum es una traducción de la Biblia al arameo, pero no literal, sino parafraseada, comentada. Se trataba de una traducción-comentario oral, que siglos más tarde se pondría por escrito. Por su parte, el midrás son comentarios de los rabinos a la Escritura que, insertados en el texto a modo de breves homilías, actualizaban su sentido.

El Antiguo Testamento en Mateo

Esta actitud con respecto al Antiguo Testamento es común en las comunidades cristianas primitivas provenientes del judaísmo. Para ellas, Jesucristo, centro de la historia de salvación, da un nuevo sentido a toda la Biblia, y, a su vez, la Biblia, ayuda a comprender en profundidad la vida y el ministerio de Jesús de Nazaret. No se tratará de justificar desde la Escritura la figura de Jesús, sino de situarla dentro del plan de Dios.

Los cristianos a los que Mateo dirige su evangelio están atravesando serias dificultades. Por un lado, en el interior de la comunidad se comenzaba a notar el cansancio y un cierto abandono del entusiasmo inicial. Además, ya se hacía necesaria una mínima organización interna, y lo más sencillo era fijarse en los modelos que ofrecía la sinagoga judía. Por otra parte, existía un gran problema externo: la abierta hostilidad del judaísmo hacia el cristianismo naciente. Esta situación de la comunidad nos ayuda a comprender la razón por la que Mateo recurre con tanta frecuencia al Antiguo Testamento.

Es frecuente, por ejemplo, que se narren situaciones de la vida de Jesús o los discípulos utilizando giros o palabras conocidas del Antiguo Testamento, de modo que el lector podía caer en la cuenta de que los hechos contados respondían al plan de Dios. Lo mismo ocurre con la amplia genealogía con la que Mateo inicia su evangelio: se trata de presentar a Jesús como Mesías-Rey, heredero de Abrahán y de David, cumplimiento de todas las promesas de la antigua Alianza.

Pero, sin duda, lo que más nos llama la atención es la abundancia de "citas explícitas" del Antiguo Testamento. Algunas de ellas, incluso, son introducidas con la expresión "todo esto sucedió para que se cumpliera lo dicho por el profeta..." (Mt 1,23; 2,15.18.23; 4,15; etc.). Con esta fórmula se presentan los hechos de la vida de Jesús como cumplimiento de lo anunciado en la Escritura. Ante la negativa de los judíos a aceptar a Jesús crucificado como Mesías, el evangelista pone de manifiesto su ignorancia, porque no han sabido comprender el plan de Dios.

En otras de estas citas explícitas se presenta a Jesús como el verdadero intérprete de la Escritura. Así ocurre por ejemplo en el relato de las tentaciones (Mt 4,6-7). Aunque es sobre todo en aquellas en las que se utiliza la fórmula "pero yo os digo" (Mt 5,22.28.32.34.39.44) donde esta intención se aprecia más claramente. El evangelista está dando un toque de atención a aquellos que, bien por cansancio o desencanto, están adormilados o no terminan de sacudirse su pasado judío. La antigua ley ha quedado superada: hay que vivir con un nuevo estilo las relaciones fraternas, el matrimonio, etc.

Finalmente, encontramos en el evangelio distintos personajes y acontecimientos que son presentados a la luz del Antiguo Testamento, pero sin seguir una fórmula fija. Así ocurre con Juan Bautista (Mt 3,3; 11,10), o cuando es denunciada la terquedad de los judíos (Mt 13,14-15).

Hace casi dos mil años, los cristianos a los que Mateo dirige su evangelio releían el Antiguo Testamento desde las circunstancias concretas que estaban viviendo. Su ejemplo nos invita a releer también nosotros las antiguas Escrituras de Israel desde Cristo, con la convicción de que en él encuentran su cumplimiento y su sentido para nosotros hoy.

PARA PREPARAR EL PRÓXIMO ENCUENTRO

Para preparar nuestro próximo encuentro, vamos a leer Mt 13,53-16,20. En esta sección, Jesús se va distanciando de la gente y centrándose cada vez más en el grupo de sus discípulos. Entre ellos destaca especialmente la figura de Pedro. Fíjate en ello y responde a esta pregunta:

¿Cómo aparece Pedro en esta sección del evangelio? Intenta resumir brevemente lo que hace en cada uno de los episodios donde se habla de él.

NOTAS

10 JESÚS REÚNE A SU IGLESIA

LECTURA CONTINUADA

Puesta en común sobre Mt 13,53-16,20

La creciente oposición que Jesús encuentra entre sus adversarios e incluso entre sus parientes y paisanos (Mt 13,53-58) hace que poco a poco se vaya "retirando" (Mt 14,13; 15,21) y dedicándose cada vez más a la instrucción particular de sus discípulos. Con ellos pretende reunir un nuevo pueblo de Dios en el que tendrán cabida no sólo los judíos, sino también los paganos (Mt 15,21-39). El incomprensible rechazo de Israel dará lugar a la fundación de la Iglesia. En todo este proceso, la figura de Simón Pedro juega un papel singular, que resalta especialmente en estos capítulos. Por eso nos habíamos propuesto contestar a esta pregunta: *¿Cómo aparece Pedro en esta sección del evangelio? Intenta resumir brevemente lo que hace en cada uno de los episodios donde se habla de él.*

GUÍA DE LECTURA

"Tú eres Pedro y sobre esta piedra edificaré mi iglesia"

Antes de comenzar, buscamos **Mt 16,13-20**

➤ Ambientación

La narración evangélica que venimos siguiendo a lo largo de nuestras reuniones llega hoy a un momento decisivo. El anuncio del Reino choca una y otra vez con el rechazo de Israel, que no sabe reconocer en Jesús al Mesías esperado. Su misión atraviesa horas bajas y Jesús prefiere dedicarse a instruir de un modo particular a sus discípulos. Con ello prepara el nacimiento de una nueva comunidad formada por aquellos que lo acogen con fe.

➤ Miramos nuestra vida

No es raro oír hablar de la Iglesia sólo para criticarla o ridiculizar a quienes tienen en ella algún tipo de autoridad. Algunos creyentes se sienten amenazados porque interpretan este hecho como una especie de "operación de acoso y derribo" que intenta socavar lo que para ellos está firmemente fundamentado. Lo cierto es que muchos ven en la Iglesia un montaje puramente humano, lleno de fallos y carencias, y han perdido su confianza en ella.

– *¿Por qué crees que hay tanta gente que ha dejado de confiar en la Iglesia? ¿Cómo te afectan sus opiniones?*

– *¿Qué motivos tienes tú para seguir en ella, más allá de sus fallos y debilidades?*

➤ Escuchamos la Palabra de Dios

El evangelio de Mateo tiene su propia visión sobre la fundación de la Iglesia y nos presenta a Jesús como un constructor dedicado a asegurar la solidez de sus cimientos.

• Nos preparamos para escuchar la Palabra de Dios guardando un momento de silencio y pidiendo el auxilio del Espíritu Santo.

• Un miembro del grupo proclama en voz alta Mt 16,13-20.

• Reflexionamos en silencio: volvemos a leer personalmente el pasaje y consultamos las notas de la Biblia para entenderlo mejor.

• Respondemos entre todos a estas preguntas:

– *¿Qué preguntas hace Jesús en este pasaje? ¿A quién las dirige?*

– *¿Quién responde a la primera? ¿Cómo lo hace?*

– *¿Quién responde a la segunda? ¿Qué dice?*

– *¿Cómo reacciona Jesús ante la respuesta de Pedro? ¿Por qué le felicita?*

– *¿En qué consiste la nueva misión que le encomienda?*

– *¿Qué se dice de la Iglesia en estos versículos?*

➤ Volvemos sobre nuestra vida

El pasaje que hemos leído nos presenta la fe en Jesús como el auténtico fundamento de la Iglesia, como la única "roca" sobre la que puede construirse una comunidad verdaderamente sólida. La tradición católica insiste, además, en que el Papa y los obispos tienen en esta tarea una responsabilidad muy especial. Pero a veces los cristianos –incluidos nuestros pastores– caemos en la tentación de apoyarnos en otras realidades y ponemos en ellas nuestra confianza. Quizá por eso recibimos tantas críticas, que a veces tienen su parte de razón.

– *¿Qué papel habrían de desempeñar los pastores de la Iglesia para que la comunidad cristiana se edifique sólidamente?*

– *Y nosotros, a la luz de este pasaje, ¿qué podemos hacer para colaborar en su construcción, de modo que muchos puedan recuperar la confianza en ella?*

➤ Oramos

Acabamos el encuentro con un momento de oración, procurando inspirar nuestra plegaria en el pasaje que hemos leído y meditado. Para ambientar este momento, podemos colocar en medio de la sala una piedra y unas llaves.

• Un miembro del grupo vuelve a leer Mt 16,13-20.

• Oramos personalmente.

• Oramos comunitariamente.

• Terminamos cantando *Dame la fe de mis padres* o recitando el salmo 87 (86): "Sus cimientos están en el monte santo".

PARA PROFUNDIZAR

La Iglesia, en el evangelio de Mateo

Mateo concede una gran importancia al tema de la Iglesia. De hecho, es el único evangelista que utiliza este término para referirse a la comunidad cristiana, de cuyo origen y desarrollo se preocupa de un modo especial.

El nuevo pueblo de Dios

Iglesia es una palabra de origen griego que significa "asamblea" y que en el Antiguo Testamento se aplica a Israel como pueblo elegido y convocado por Dios. Mateo, en cambio, designa con ella a la reunión de los que creen en Jesús. ¿Por qué?

Según la visión del evangelista, la Iglesia surge a raíz del rechazo de Israel, que no quiso reconocer en Jesús al Mesías esperado. La parábola de los viñadores homicidas (Mt 21,33-43) se refiere con crudeza a este drama y acaba con estas palabras: "Por eso os digo que se os quitará el Reino de Dios y se entregará a un pueblo que dé a su tiempo los frutos que al Reino corresponden".

La Iglesia cristiana es, por tanto, ese nuevo pueblo de Dios encargado de culminar la misión frustrada que Israel no supo llevar a cabo. En ella se superan las antiguas barreras y tienen cabida todas las gentes sin distinción –judíos y paganos– siempre que acojan a Jesús como Mesías e Hijo de Dios y pongan en práctica sus enseñanzas (Mt 28,16-20).

La Iglesia de Jesús

La Iglesia no es para Mateo una institución más, ni debe su origen a la iniciativa humana. Es Jesús quien la reúne, la edifica y la consolida. Por eso la llama "mi Iglesia" (Mt 16,18) y promete no dejarla nunca sola y acompañarla hasta el final de los siglos. La antigua alianza entre Dios e Israel se hace ahora realidad en la persona de Jesús, que está siempre presente en medio de su comunidad (Mt 1,23; 18,20; 28,20).

La estrecha relación entre Jesús y su Iglesia se manifiesta también en el encargo que ésta recibe de continuar su misión (Mt 10, 11,2-6; 18,16-20). Su razón de ser no es otra que prolongar la presencia del Señor en medio de este mundo. Aunque la Iglesia no debe confundirse con el Reino, ambas realidades están íntimamente vinculadas.

Una comunidad de discípulos

El primer núcleo de la Iglesia se encuentra, sin duda, en el grupo de los Doce. Pero Mateo no suele emplear para ellos el calificativo de "apóstoles". Prefiere llamarlos simplemente "discípulos". De este modo los propone como modelo de aquellas actitudes que deben hacer suyas los miembros de la comunidad cristiana de todos los tiempos.

Ésa es la razón de que Mateo haya suavizado un tanto los rasgos negativos con que los Doce son presentados en otros evangelios (especialmente Marcos), aunque no los idealiza ni oculta sus limitaciones. Dos son las características esenciales que, según él, definen al discípulo: la comprensión de las enseñanzas de Jesús (Mt 13,23; 16,12; 17,13) y la fe en él (Mt 14,33). Discípulo es por tanto el creyente, aunque su fe sea a veces "poca" (Mt 14,31; 16,8...) y esté constantemente amenazada por dudas y vacilaciones.

Edificada sobre la roca de Pedro

La figura de Pedro reviste una singular importancia en el primer evangelio. Sin disimular sus incoherencias, Mateo lo presenta no sólo como el primero de los llamados (Mt 4,18-19; 10,2) o el portavoz de los Doce (Mt 19,27), sino como el fundamento de la Iglesia (Mt 16,20).

Pedro es el prototipo de los discípulos, capaz de profesar la verdadera fe en Jesús (Mt 16,16). Por eso el Señor lo elige como cimiento de su Iglesia y le entrega las llaves del Reino. Le confiere además el poder de "atar y desatar", esto es, de actualizar sus enseñanzas e indicar cómo deben ser aplicadas en las diversas circunstancias de la vida comunitaria. No en vano, Pedro había ya recibido de Jesús muchas instrucciones particulares sobre cuestiones diversas a lo largo de su ministerio público (Mt 15,15; 17,24-27; 18,21). Por eso Mateo ve en la autoridad de su enseñanza y en su ministerio apostólico una garantía de cohesión y solidez para su comunidad y para toda la Iglesia.

PARA PREPARAR EL PRÓXIMO ENCUENTRO

Para preparar nuestro próximo encuentro, vamos a leer detenidamente Mt 16,21-20,28. En estos textos Mateo introduce en su evangelio una catequesis dirigida a los discípulos sobre el destino de la muerte de Jesús y las actitudes que ellos deben mantener. Mientras leemos estos capítulos, tratamos de responder a las siguientes preguntas:

¿Qué destino aguarda a Jesús?
¿Cuántas veces lo anuncia a sus discípulos?

11 VIVIR DESDE EL PERDÓN SIN LÍMITES

LECTURA CONTINUADA

Puesta en común sobre Mt 16,21-20,28

La predicación de Jesús, con palabras y hechos, ha suscitado distintas actitudes. El rechazo de su pueblo se ha mostrado cada vez más claro. Jesús entiende que ha llegado el momento de subir a Jerusalén (Mt 16,21). Pero no emprende el camino solo. El viaje lo hace en compañía de sus discípulos, para quienes será un itinerario de crecimiento espiritual. Todo el viaje es una catequesis sobre el destino de Jesús y sobre las actitudes que sus seguidores deben interiorizar para llegar a formar la comunidad cristiana, la Iglesia.

El evangelista presenta estas catequesis en torno a los anuncios de la pasión. Es el tema que hemos tenido presente mientras leíamos Mt 16,21-20,34 tratando de responder a estas preguntas: *¿Qué destino aguarda a Jesús? ¿Cuántas veces se lo anuncia a sus discípulos?*

GUÍA DE LECTURA

"¿Cuántas veces he de perdonar?"

Antes de comenzar, buscamos **Mt 18,21-35**

➤ Ambientación

En nuestro encuentro anterior, Pedro, como portavoz del grupo de los discípulos, reconocía a Jesús como el Mesías, el Hijo de Dios vivo, y Jesús le daba autoridad sobre el nuevo Israel, la Iglesia. A esta Iglesia naciente Jesús dirige una serie de catequesis sobre el tipo de Mesías que es él y sobre cuáles son las actitudes que deben adoptar los discípulos. Una de esas enseñanzas se refiere al perdón en la comunidad.

➤ Miramos nuestra vida

Con frecuencia oímos expresiones como éstas: "Me lo ha hecho una vez, pero no me lo volverá a hacer más", "Quien la hace la paga", "Perdono, pero no olvido", "Las va a pagar todas juntas"... Todas ellas expresan las dificultades que encontramos para perdonar a quienes nos han ofendido.

– *¿Por qué nos cuesta tanto perdonar?*

– *¿En qué situaciones se te hace más difícil reconciliarte con los demás?*

➤ Escuchamos la Palabra de Dios

Como cristianos, nuestra referencia no son los valores de la sociedad, sino los de Jesús. También lo entendió así la comunidad de Mateo, que recogió en su evangelio las enseñanzas que el Señor ofrecía en diversas situaciones de la vida. Veamos qué tiene que decir sobre nuestra dificultad en ofrecer el perdón.

• Nos preparamos con un momento de silencio para acoger la Palabra de Dios.

• Una persona del grupo proclama Mt 18,21-35.

• Reflexionamos en silencio: leemos personalmente el pasaje y consultamos las notas de nuestra Biblia.

• Entre todos, tratamos de responder a estas preguntas:

– *¿Hay algo que te sorprenda y llame la atención en esta parábola?*

– *¿A quién representa el rey de la parábola? ¿Y los siervos?*

– *¿Qué significa la cifra "setenta veces siete"?*

– *¿Cuál es el mensaje que quiere transmitir esta parábola?*

➤ Volvemos sobre nuestra vida

La parábola de Jesús nos ha enseñado que el perdón es una actitud fundamental para el cristiano. La misericordia recibida de Dios nos empuja a la reconciliación, porque perdón con perdón se paga. Con todo, constatamos que cuando es grande la herida producida por la ofensa, cuesta perdonar. La parábola del evangelio nos ha mostrado que sólo es posible hacerlo desde la experiencia personal de la misericordia de Dios, que no conoce límites en el perdón.

– *¿Te sientes perdonado por Dios? Cuenta alguna experiencia al grupo.*

– *¿Cómo puede ayudarnos esta experiencia de perdón a superar las rencillas y a tener las mismas actitudes que Jesús pide en este pasaje?*

➤ Oramos

En nuestra oración de hoy vamos a utilizar la imaginación. El animador o un miembro del grupo puede ir ayudando a dar los pasos que se señalan.

• Estamos en el corazón de Dios. En un momento de silencio, nos visualizamos en él. Nos conoce y nos quiere gratuitamente. Nos sentimos abrazados por su amor.

• Ese sentimiento de amor de Dios no nos impide reconocernos pecadores. Puede ayudarnos recitar el salmo 51 (50): "Ten piedad de mí, oh Dios, por tu amor".

• El amor de Dios, que no conoce límites, borra nuestros pecados y nos permite sentir el gozo y la alegría del perdón. Durante unos instantes, saboreamos este regalo.

• En el corazón de Dios no estamos solos. Están también los miembros del grupo, nuestra familia. Les queremos. Hay también personas que nos han ofendido. Las visualizamos con nosotros, en el corazón de Dios. Tal vez pidan perdón o, quizá, no digan nada. Pero desde la experiencia del amor y del perdón de Dios, yo las perdono, en mi interior me reconcilio con ellas.

• Terminamos cantando *Perdónanos nuestras culpas* u otro similar.

PARA PROFUNDIZAR

Los pilares de la comunidad cristiana

Los cristianos a los que va dirigido el evangelio de Mateo pertenecen a la segunda generación cristiana. Para la mayoría habían pasado ya los primeros años tras la conversión. El paso del tiempo y el retraso de la segunda venida del Señor, que creían inmediata, estaba relajando sus costumbres, haciendo que perdieran el entusiasmo y se dejaran atrapar por estilos de vida poco acordes con una comunidad de seguidores de Jesús.

Entre ellos existían tensiones y problemas de convivencia: había hermanos que luchaban por conseguir los primeros puestos (Mt 23,8-12); otros que eran motivo de escándalo (Mt 18,6); existía desatención hacia los más débiles (Mt 18,10), ofensas comunitarias y personales (Mt 18,15-35). Mateo, recordando las enseñanzas de Jesús, propone un modelo de comunidad válido para los cristianos de todos los tiempos, que tiene como pilares la solicitud por los más pequeños y el perdón sin límites.

La solicitud por los más pequeños

Cuando nosotros hablamos de los más pequeños solemos referirnos a los niños. Nuestra cultura ha hecho de ellos el centro de la casa, pero esto no corresponde a la realidad que vivían en tiempo de Jesús. Entonces eran personas desamparadas, sin derechos ni consideración social, dependientes en todo de su familia, y a quienes no se les tomaba demasiado en cuenta.

Cuando el evangelista propone la atención a los más pequeños, se está refiriendo a aquellos hermanos de la comunidad que eran como niños bien porque su fe era todavía frágil o bien porque se habían hecho como niños renunciando a los primeros puestos y al poder. La tentación de algunos de la comunidad era prescindir de estos miembros.

En este contexto, Mateo enseña que la tentación de ser el "mayor", de ejercer el dominio sobre los demás, no es acorde con el estilo de Jesús. La comunidad no puede caer en la tentación de establecerse en las estructuras de poder y prestigio que existen en el mundo. Debe reaccionar contra ella haciéndose "pequeña", como un niño (Mt 18,1-4), y mostrando su solicitud por los "niños": los pobres, los débiles, los humildes... Evitar que se pierdan (Mt 18,12-14), no despreciarlos (Mt 18,10) ni escandalizarlos (Mt 18,6) son actitudes concretas encaminadas a poner en práctica el proyecto del Reino.

El perdón sin límites

El segundo pilar en el modelo de fraternidad que Mateo propone a su comunidad cristiana es la reconciliación (Mt 18,15-35). Con frecuencia, en las relaciones comunitarias se producen ofensas y conflictos que hay que resolver, porque amenazan con enfrentar a los hermanos y romper la paz y la armonía. El evangelista ilumina esta situación desde el perdón predicado por Jesús.

La palabra "per-dón" significa perfección en el don, plenitud en la entrega. No es olvidar, en el sentido de borrar del recuerdo los hechos, puesto que a veces es imposible; es continuar dando, entregándose a pesar de todo, rechazando el desamor y, por supuesto, la venganza, que es lo primero que sale de dentro.

La ley del talión, "ojo por ojo, diente por diente" (Ex 21,23-25), había supuesto un avance dentro de Israel, porque permitía frenar la escalada de violencia en la vida social. Pero el evangelista les recuerda que Jesús había ido más allá: "A quien te abofetea en la mejilla derecha, preséntale también la otra" (Mt 5,39), "No te digo que perdones siete veces, sino setenta veces siete" (Mt 18,21). Quiere mostrarles que el mayor ejemplo del perdón es la misericordia del Padre, que nos hace capaces de perdonar a nuestros hermanos (Mt 18,33), seguir dando y dándonos a pesar de las ofensas. En él está la perfección del don, el "per-dón". Dejarnos reconciliar con Dios es el primer paso para perdonar, para ser perfectos como lo es nuestro Padre del cielo (Mt 6,48).

Las enseñanzas de Mateo a su comunidad siguen vigentes. También en nuestras iglesias sigue siendo actual la necesidad de perdón y la atención y acogida a los más pequeños, a los más débiles en la fe o a aquellos más desfavorecidos. Necesitamos obispos, sacerdotes, religiosos, catequistas y animadores que, como el pastor de la parábola (Mt 18,12-13), vayan en busca del hermano solo, escandalizado, ofendido, para construir una Iglesia humana y fraterna. Necesitamos que esta búsqueda no se realice por el prestigio, ni por adquirir una posición social reconocida, sino que se haga sólo porque Dios es nuestro Padre.

PARA PREPARAR EL PRÓXIMO ENCUENTRO

Como habéis comprobado, la sección que estamos trabajando es muy rica en contenido. Por eso, para preparar el próximo encuentro, vamos a volver a leerla, pero esta vez fijándonos en otro aspecto. Al leer Mt 16,21-20,28, intenta responder a esta pregunta:

¿Qué cosas o actitudes humanas dificultan el seguimiento de Jesús?

12 TÚ ERES MI RIQUEZA

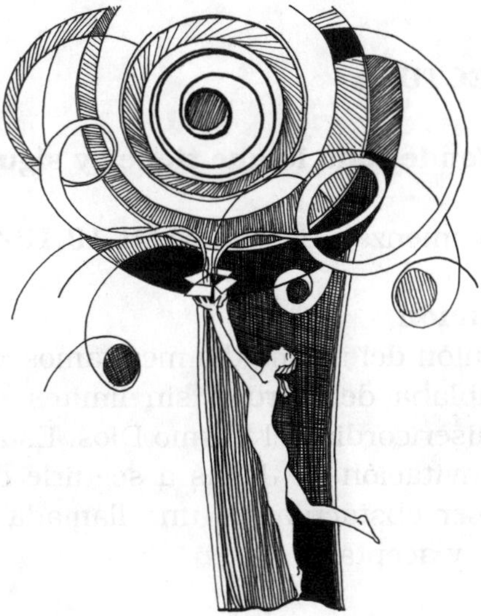

LECTURA CONTINUADA

Puesta en común sobre Mt 16,21-20,28

En la sección anterior nos fijamos en los tres anuncios de la pasión. Con la ayuda del animador vimos cómo cada uno de ellos introduce una catequesis para los discípulos. El primer anuncio invita a los discípulos a comprender y aceptar el destino de Jesús (Mt 16,21-17,21); el segundo expone algunas enseñanzas sobre la vida cotidiana en la comunidad (Mt 17,22-20,16); al tercer anuncio de la pasión le sigue una llamada al servicio (Mt 20,17-24).

Al releer la misma sección, nos hemos fijado en una catequesis que Jesús dirige a sus discípulos. El evangelista tuvo en cuenta la situación de su comunidad al seleccionar y adaptar los relatos y palabras del Señor, de modo que estos capítulos son también una catequesis para ella.

Leyendo en casa Mt 16,21-20,28, has intentado responder a esta pregunta: *¿Qué cosas o actitudes humanas dificultan el seguimiento de Jesús?*

GUÍA DE LECTURA

"Vende todo lo que tienes y sígueme"

Antes de comenzar, buscamos **Mt 19,16-30**

➤ Ambientación

En la reunión del último día meditamos sobre un pasaje que nos hablaba del perdón sin límites, tomando como modelo la misericordia del mismo Dios. Esta sesión gira en torno a la invitación de Jesús a seguirle dejando todo lo que pueda ser obstáculo. Es una llamada que hoy podemos renovar y aceptar.

➤ Miramos nuestra vida

El capitalismo que se ha instalado en nuestra sociedad ha colocado el tener por encima del ser. Se buscan los bienes económicos por encima de otros valores, como la autenticidad, el honor, la responsabilidad. A veces oímos decir que el dinero no da la felicidad, pero en la calle también hay quienes afirman que "si eres joven y eres rico, ¿qué más quieres, Federico?".

Vamos a dialogar brevemente sobre ello.

– *¿Crees que las riquezas dan la felicidad? ¿Por qué?*

➤ Escuchamos la Palabra de Dios

El evangelio de Mateo nos presenta el relato de un hombre joven y rico. Además, era bueno. Cumplía las normas del judaísmo, pero se hacía preguntas porque deseaba algo más. En diálogo con él, Jesús le presenta el seguimiento radical como la respuesta que, en su corazón, andaba buscando.

• Nos preparamos con un momento de silencio.

• Una persona del grupo proclama Mt 19,16-30.

• Reflexionamos en silencio: leemos personalmente el pasaje y consultamos las notas de nuestra Biblia.

• Entre todos, tratamos de responder a estas preguntas:

– *¿Qué buscaba aquel joven al acercarse a Jesús?*

– *¿A qué le invita Jesús?*

– *¿Cómo reacciona el joven ante esta invitación? ¿Y los discípulos?*

– *¿Puede el ser humano, con sus propias fuerzas, llegar a esto?*

– *Según los versículos finales, ¿qué encuentran quienes han dejado todo para seguir a Jesús?*

➤ Volvemos sobre nuestra vida

Jesús se presenta también hoy ante nosotros, que, en grupo, nos preguntamos cómo podemos seguirle mejor en esta sociedad que da tanta importancia a las riquezas. Nos hace la misma invitación que a aquel joven rico y bueno: "Si quieres...". Si quieres ser cristiano, tienes que ponerte en ruta sin más equipaje que el Evangelio, sin más riqueza que Jesús.

– *¿Cuáles son las "riquezas" que te impiden ser, de verdad, discípulo? ¿Qué te pediría Jesús frente a ellas?*

– *A la luz de este pasaje, ¿qué le diría a nuestra Iglesia, a nuestra parroquia, a nuestro grupo?*

➤ Oramos

Responder a la invitación de Jesús y seguirle no es fácil. A veces tenemos la tentación, como el joven, de marcharnos por otro camino más sencillo, con nuestras riquezas en la maleta, pero también con la tristeza como compañera de viaje. En diálogo con él, vamos a reafirmar nuestra opción.

• Tras unos instantes de silencio, volvemos a leer el pasaje de Mt 19,16-30.

• Dejamos un tiempo de oración personal para hablar con Jesús y decirle lo que el pasaje que hemos proclamado nos ha sugerido para nuestra vida.

• Podemos expresar en voz alta nuestra oración al Señor.
• Terminamos cantando *Eres mi riqueza, eres mi Señor* u otro canto apropiado.

PARA PROFUNDIZAR

El estilo de vida cristiano

Los cristianos de la comunidad de Mateo habían roto con el judaísmo y con su forma de entender los mandamientos de la ley de Moisés. El evangelista, tomando como modelo la interpretación de las Escrituras que realizaban los rabinos, propone a su comunidad unas normas de comportamiento nuevas que tienen como centro el mensaje y la vida de Jesús.

Un nuevo catecismo...

En la época de Jesús la aspiración máxima de todo creyente era ser justo a los ojos de Dios. El camino para conseguirlo pasaba por cumplir la ley de Moisés y los mandamientos. La sinagoga era uno de los lugares privilegiados para esta transmisión y aprendizaje. Los creyentes se reunían en ella para orar, escuchar la lectura de las Escrituras y un comentario actualizado de las mismas. A partir de ella, los rabinos ofrecían, a modo de catequesis, relatos que edificaban la fe del pueblo y normas de conducta que orientaban su comportamiento.

Los primeros cristianos asistían a estas reuniones sinagogales, pero pronto comprendieron que no podían estar de acuerdo con el modo judío de entender los mandamientos de la ley. Ya no podían quedarse, por ejemplo, en el "ojo por ojo y diente por diente" (Lv 24,20). Jesús, que había cumplido la ley y la había llevado a su plenitud, les había pedido no responder a la violencia con más violencia (Mt 5,38-42).

Mateo, a partir de las enseñanzas del Maestro conservadas en su comunidad y teniendo en cuenta la situación concreta por la que estaba atravesando, elabora una nueva ética, unas normas de conducta, para quienes quisieran seguir el estilo de vida cristiano. Lo hace insertando en su evangelio cinco discursos con muchas enseñanzas, destinadas a sustituir las normas de comportamiento dadas en la sinagoga (Mt 5-7; 10; 13; 18; 24-25). Son una especie de nuevo catecismo para el seguidor de Jesús.

... que lleva la ley hasta sus últimas consecuencias...

En esos cinco discursos el evangelista mantiene el objetivo que perseguían los judíos con la práctica de la ley, ser justos o, lo que es lo mismo, hacer la voluntad de Dios, y lo reafirma para los cristianos. Defiende que la ley sigue vigente (Mt 5,17-19). Lo que cambia es desde dónde se vive. Ya no hay mínimos imprescindibles que llevan al ser humano a decir: "No he matado. He cumplido la ley. Soy justo". Desde Jesús, la ley no termina en la letra. Es insuficiente no matar físicamente a nadie. Hay que implicarse en construir una convivencia humana fraterna en la que se destruyan todos los mecanismos que generan revancha, odio, divisiones, muerte. Eso es la ley. En eso consiste el cumplimiento de la voluntad de Dios. Así la vivió Jesús, como un camino hacia el Padre, un camino de relaciones fraternas que van abriendo paso al Reino, a una sociedad de justicia, de solidaridad, de perdón.

Llevando a cabo esta voluntad, Jesús se convierte en la imagen perfecta del Hijo de Dios. En la época en la que vive Jesús y cuando se escribe este evangelio, era muy importante el valor de la obediencia. Tener un hijo obediente era motivo de orgullo personal y de honra social. Desde esta forma de pensar, los primeros cristianos vieron en Jesús la imagen perfecta de Hijo de Dios. Porque fue el perfecto cumplidor de la ley, hizo en todo la voluntad de Padre.

... y tiene como centro el amor

Mateo en su evangelio enseña que el amor, como expresión de la voluntad de Dios, es la plenitud de la ley, una ley que es ligera (Mt 11,30) y que se lleva adelante al estilo de Dios: el que ama es benevolente y no juzga, como Dios (Mt 7,1-2); el que ama perdona, como lo hace Dios (Mt 18,21-35); el que ama rechaza el egoísmo y se hace siervo, igual que Jesús, el Hijo de Dios, que "no ha venido a ser servido, sino a servir y dar su vida en rescate por todos" (Mt 20,20-28)...

Cuando se imita a este ser de Dios, el cristiano puede llamarse con propiedad su hijo, porque cumple su voluntad. Un hijo así pone en juego todas sus fuerzas para que sigan creciendo las semillas del Reino. Este cristiano, hijo de Dios, es libre y se hace esclavo de los hermanos por amor (Gal 5,13). Dicho seguidor de Jesús ha llegado al corazón de la ley, que es el corazón del mismo Dios. Es el camino que hemos elegido al optar por Jesús.

PARA PREPARAR EL PRÓXIMO ENCUENTRO

En las sesiones anteriores hemos visto a Jesús centrado en enseñar a sus discípulos. Ahora pondrá más atención en clarificar la posición de Israel frente a él y su mensaje. Mientras lees la sección de Mt 21-23, intenta responder a esta pregunta:

¿Cuál es la actitud de las autoridades religiosas hacia Jesús?
Razona tu respuesta señalando algún pasaje del relato.

13 UNA COMUNIDAD CON RELACIONES NUEVAS

LECTURA CONTINUADA

Puesta en común sobre Mt 21-23

En la sección anterior, Jesús ha dicho a sus discípulos cuál era el destino que le aguardaba y les ha instruido sobre las exigencias del seguimiento (Mt 16,20-28). En los capítulos que vamos a leer ahora, Jesús entra en Jerusalén. La acogida calurosa que recibe de la gente, "Bendito el que viene en nombre del Señor" (Mt 21,9), se convierte pronto en un abierto enfrentamiento con las autoridades judías y termina en un rechazo frontal. La sección se cierra con las mismas palabras que había pronunciado la gente a la entrada de Jesús en Jerusalén (Mt 23,39), pero ahora suenan como un lamento y una condena por la actitud que mantienen los líderes religiosos.

Para preparar este encuentro, hemos leído Mt 21-23 intentando responder a esta pregunta: *¿Cuál es la actitud* *de las autoridades religiosas hacia Jesús? Razona tu respuesta señalando algún pasaje del relato.*

Vamos a comentar juntos lo que hemos descubierto.

GUÍA DE LECTURA

"Todos vosotros sois hermanos"

Antes de comenzar, buscamos **Mt 23,1-12**

➤ Ambientación

En las reuniones anteriores se nos invitaba a reflexionar y hacer vida algunas de las enseñanzas de Jesús a sus discípulos: el perdón sin límites, el abandono de las riquezas... El pasaje de hoy pretende animar la vida interna de nuestra comunidad cristiana.

➤ Miramos nuestra vida

Cuando un retén de bomberos acude a apagar un incendio, hay uno de ellos que da instrucciones y el resto las cumple. Esta organización es necesaria para sacar adelante el objetivo del grupo: apagar el fuego. También hay "jefes" y "directores" en empresas y oficinas que señalan el camino a seguir. En estos casos las relaciones son de autoridad-sumisión, y son necesarias para conseguir la eficacia en el trabajo. Estas relaciones son impensables, por ejemplo, en una asociación de vecinos o en un grupo de amigos. Aquí las decisiones se toman teniendo en cuenta las opiniones de todos los componentes del grupo. La base de la relación es la igualdad.

– *¿Cómo son las relaciones en tu comunidad cristiana? ¿Y en la Iglesia?*

– *¿Son de autoridad-sumisión o de igualdad y fraternidad?*

➤ Escuchamos la Palabra de Dios

La Iglesia, que es un grupo religioso, toma a veces, para organizarse, las estructuras presentes en la sociedad civil.

Pero ha de estar muy atenta para no caer en la tentación del autoritarismo o de la búsqueda de prestigio. Jesús deja claro cuál ha de ser su modelo y cuáles las relaciones que la caractericen.

• Nos preparamos con un momento de silencio para escuchar la Palabra de Dios.

• Una persona del grupo proclama Mt 23,1-12.

• Durante unos momentos de reflexión personal, leemos de nuevo el pasaje y consultamos las notas de nuestra Biblia.

• Entre todos, tratamos de responder a estas preguntas:

- *¿Cómo describe Jesús en este texto la actitud de los maestros de la ley y de los fariseos? En contraposición, leed también cómo se presenta Jesús en Mt 11,28-30.*
- *¿Cómo son las relaciones que deben caracterizar a la comunidad cristiana?*
- *A la luz de este pasaje, ¿qué problemas podrían existir en la comunidad de Mateo? Con la ayuda del animador, recordad las sesiones anteriores e intentad reconstruir la situación en la que vivía esta comunidad.*

➤ Volvemos sobre nuestra vida

Jesús ha exhortado a construir comunidades fraternas en las que se establezcan relaciones de ayuda, de apoyo, de servicio. Es un modelo que se aleja de las estructuras autoritarias que, con frecuencia, conllevan la búsqueda del poder, del prestigio, de la fama, y que siempre crean separaciones y rangos en el grupo.

– ¿Siguen siendo actuales las acusaciones que Jesús dirige a los fariseos en este texto? ¿Por qué?

– ¿Qué pasos podemos dar personalmente y como grupo para llegar a ser una Iglesia y una comunidad de "hermanos" y de "servidores"? Intentad asumir un compromiso concreto.

➤ Oramos

Llegar a una comunidad que tenga como eje la fraternidad, donde se busque en común la voluntad del Padre, donde la voz de todos se deje oír en las decisiones... no es cosa fácil. Para ello es necesario ser conscientes de que tenemos un Padre común. Vamos a orar juntos a ese Padre que nos hace hermanos.

• Un miembro del grupo lee de nuevo Mt 23,1-12.

• Dedicamos unos minutos a la oración personal en silencio.

• Expresamos nuestra oración comunitariamente.

• Terminamos cantando *Todos sois hijos, todos hermanos* u otro canto cercano al tema y conocido por todos.

PARA PROFUNDIZAR

La comunidad de Mateo y el judaísmo

El evangelio de Mateo, al igual que los otros evangelios, nace en el seno de una comunidad viva que ha optado por seguir a Jesús pero que encuentra dificultades en su camino. Conocer la situación por la que atravesaba esta comunidad nos ayudará a comprender y a actualizar mejor la Buena Noticia de Jesús.

Una comunidad de origen judío...

La comunidad de Mateo estuvo formada inicialmente por judíos que se convirtieron al cristianismo y que fueron abriéndose al mundo no judío. Considera que el pueblo de Israel ha rechazado el mensaje de Jesús y que, por tanto, éste ha de anunciarse a todas las naciones. Su vida se desarrolla en un ambiente de fuerte polémica contra el judaísmo porque ambos, tanto judíos como cristianos, se consideran los auténticos herederos de las promesas hechas por Dios en el Antiguo Testamento.

... rechazada por el judaísmo...

Para entender mejor el conflicto planteado en esta comunidad con el judaísmo oficial, tenemos que recordar que algunos cristianos, tras la resurrección de Jesús, continuaron unidos al judaísmo. En el año 70 d.C., cuando las tropas romanas destruyen el templo de Jerusalén y la ciudad santa, se produjo una crisis en el interior del judaísmo que el grupo de los fariseos intentó resolver en la asamblea de Jamnia. A partir de entonces comenzó la reorganización del pueblo judío en torno a la ley. Su interpretación corría a cargo de las autoridades religiosas, y era norma de orientación y comportamiento para todo el pueblo. Si antes la religión judía había sido plural, pues había distintos grupos con pensamientos diferentes, ahora sólo quedaban los fariseos y maestros de la ley, que adoptaron una postura intransigente frente a los demás grupos judíos, muy especialmente frente a los cristianos, que no se sometieron a la tradición farisea. Uno de estos grupos judeocristianos es la comunidad de Mateo.

Como era de esperar, surgieron duros enfrentamientos entre ambos, el judaísmo fariseo y la corriente cristiana, hasta que esta última fue expulsada de la sinagoga judía y sigue un camino diferente. El evangelio de Mateo se sitúa entre los años 80-90, cuando, tras la separación, los enfrentamientos son más fuertes. De ahí las duras acusaciones de este evangelio contra maestros de la ley, fariseos y jefes de los sacerdotes (lee, por ejemplo, Mt 23). Estas descalificaciones y reproches reflejan, en realidad, la polémica de una comunidad que se siente rechazada por las autoridades judías y que intenta buscar su identidad en un ambiente que le es hostil.

... que se siente llamada a ser Iglesia de Jesús

La comunidad de Mateo se encuentra en un momento crítico. Hacia fuera, se enfrenta con el rechazo, e incluso la persecución, por parte de sus hermanos judíos; hacia dentro, siente la llamada a mantener su identidad desde la tradición de Jesús de Nazaret. Tiene delante el reto de continuar acogiendo a los gentiles; de hacer una interpretación propia de la ley de Moisés, ya que la de los maestros de la ley no podía ser aceptada. Había que organizarse, que estructurarse internamente, para pervivir en el tiempo; dar respuesta a problemas concretos, como la falta de entusiasmo entre algunos miembros de la comunidad, la apertura evangelizadora... Y todo desde la radicalidad del mensaje de Jesús.

El evangelio de Mateo, poniendo los ojos en Jesús y en el grupo de los discípulos que le seguían, con Pedro a la cabeza, emprende la tarea de animar a su comunidad para que se convierta en Iglesia cristiana. Éste es también el reto que se nos presenta hoy a nosotros. Desde nuestra realidad histórica, en algunos aspectos similar y en otros diferente a la de la época del evangelista, estamos llamados a hacer vida en nosotros, en nuestras comunidades y en nuestra Iglesia, la radicalidad del mensaje de Jesús de Nazaret.

PARA PREPARAR EL PRÓXIMO ENCUENTRO

Para preparar la próxima reunión, vamos a leer los capítulos 24 y 25 del evangelio de Mateo. El destino de Jesús está cercano. Inmediatamente antes, Mateo recuerda a su comunidad que la segunda venida del Señor está cerca y que deben esperarlo manteniendo una serie de actitudes. Vamos a fijarnos en ellas.

Mientras lees Mt 24-25, intenta responder a esta pregunta:

¿Cómo deben esperar los discípulos la venida definitiva de Jesús?

14 LAS PREGUNTAS DEL AMOR

LECTURA CONTINUADA

Puesta en común sobre Mt 24-25

Jesús, rechazado por Israel, sale del templo y se sienta en el monte de los olivos (Mt 24,1-3), lugar en el que va a ser arrestado y donde, según el profeta Zacarías, tendría lugar la manifestación definitiva de Dios al final de los tiempos. Desde allí, Jesús habla a sus discípulos de su venida gloriosa (Mt 24,1-35) y les exhorta a prepararse para ese gran acontecimiento (Mt 24,36-25,46).

Tal vez nos desconcierte leer la primera parte del capítulo 24. Sus imágenes y estilo pueden provocar en nosotros extrañeza y temor. No es ésta la intención del evangelista, que, tomando una forma de escribir propia de la época, el lenguaje apocalíptico, intenta animar y dar esperanza a su comunidad porque la venida definitiva del Señor llegará, a pesar de la demora.

Mientras leías Mt 24-25, has intentado responder a esta pregunta: *¿Cómo deben esperar los discípulos la venida definitiva de Jesús?*

GUÍA DE LECTURA

"Señor, ¿cuándo te vimos...?"

Antes de comenzar, buscamos **Mt 25,31-46**

➤ **Ambientación**
En la narración del evangelio de Mateo hemos asistido a la catequesis que Jesús da a sus seguidores sobre la importancia de la comunidad cristiana y las actitudes que la construyen. Antes de introducirnos en el relato de la pasión, el evangelista nos ofrece una visión del juicio que tendrá lugar al final de la vida. La enseñanza que se desprende de esta visión es definitiva para las comunidades de todos los tiempos.

➤ **Miramos nuestra vida**
Vivimos en la sociedad de la prisa. El mal de moda es el estrés. El trabajo, las urgencias familiares, los compromisos sociales, el individualismo... son, a veces, excusas que nos mantienen ciegos hacia los demás. Pocas veces nos paramos a mirar los rostros de las personas con las que diariamente nos encontramos y que no son de "los míos": un indigente sucio y mal vestido, un emigrante, aquella vecina que se nos ha "atragantado"... Como no miramos, no vemos sus fatigas, sus alegrías, su deseo de comunicación. Vamos a pararnos un momento a pensar:
– *¿Vamos por la vida con los ojos abiertos para descubrir las necesidades de los demás? Comenta con el grupo una experiencia personal reciente.*

➤ **Escuchamos la Palabra de Dios**
La comunidad de Mateo esperaba la llegada definitiva

del Mesías de un momento a otro. Esta mirada hacia lo alto les estaba haciendo olvidar que tenían que mirar a los otros y a la propia historia como lugar de compromiso. El evangelista les recuerda que es muy importante la actitud que mantienen mientras esperan la venida del Señor.

• Nos preparamos para acoger la Palabra de Dios con un momento de silencio.

• Una persona del grupo proclama Mt 25,31-46.

• Reflexionamos en silencio: leemos personalmente el pasaje y consultamos las notas de nuestra Biblia.

• Entre todos, tratamos de responder a estas preguntas:

– *¿Qué imagen de Jesús se nos ofrece en esta parábola?*
– *En el pasaje aparecen dos grupos. ¿Con qué criterio son separados ambos?*
– *¿De qué se sorprenden los que son juzgados?*
– *Según esta parábola, ¿cuál es la actitud que decide el destino de cada persona? ¿Por qué?*

➤ Volvemos sobre nuestra vida:

La Palabra de Dios ha iluminado nuestra experiencia de vida. El refrán que dice: "Ojos que no ven, corazón que no siente", no es válido para los cristianos. Jesús diría, más bien, que prestáramos atención, porque si nuestros ojos no ven y nuestro corazón no siente, al final podemos llevarnos una buena sorpresa. A la luz de esta parábola que nos ha hecho pararnos, abramos nuestros ojos y nuestro corazón.

– *¿Quiénes son hoy los hambrientos, los forasteros, los desnudos, los encarcelados...?*

– *¿Hasta qué punto veo en estas personas necesitadas a Jesús? ¿Cómo puedo ponerme a su servicio?*

➤ Oramos

El compromiso al que nos llama Jesús es para valientes y despiertos. Pero sólo con nuestras fuerzas no podemos llegar. Vamos a hablar con él y a pedirle que grabe en nosotros su imagen para que seamos capaces de verle y quererle en las personas con las que nos encontramos.

• Podemos colocar en el centro de la sala, formando un círculo, una serie de rostros de personas necesitadas. Bajo estas fotografías se puede adivinar, semioculto, un rostro de Cristo.

• En forma de letanía señalamos personas, problemas, necesidades actuales que se pueden incluir hoy entre las bendiciones y maldiciones del juicio final. Por ejemplo: "Venid, porque fui emigrante y me alquilasteis una casa donde vivir, y me disteis un trabajo para mantenerme".

• Pedimos ojos nuevos y corazón grande para mirar y para ponernos al servicio de los necesitados de hoy.

• Terminamos cantando *Con vosotros está y no le conocéis* o *Al atardecer de la vida.*

PARA PROFUNDIZAR

El encuentro definitivo con Dios

El ser humano tiene la certeza de que va a morir. Frecuentemente se pregunta: "Y después, ¿qué? ¿Habrá juicio? ¿Cómo será?". Lo cierto es que podemos decir muy poco, porque todo queda dentro del misterio escondido de Dios. Sí hay algo cierto, y es que la historia bíblica es historia de salvación y no de condenación. Jesús ha venido a salvar lo que estaba perdido (Mt 9,13) y nadie puede quitarnos la esperanza de que Dios buscará los caminos para llevarnos a todos con él.

Al final del camino

Todos hemos experimentado que "no hago el bien que quiero, sino el mal que no quiero" (Rom 7,19). Estamos rodeados de condicionamientos de distintos tipos que no nos permiten ser totalmente libres: la salud, la depresión, la educación recibida, aquella frustración que dejó su huella, carencias de la infancia... Sabemos que todo esto terminará al final del camino, cuando la muerte rompa lazos muy queridos y se lleve éstas y otras cargas.

Entonces nos encontraremos cara a cara con Dios. La persona se contemplará a sí misma, lo que fue y lo que no fue. En ese momento de total desenmascaramiento, podrá decidirse por la total apertura a Dios. La opción dependerá de ella, pero se verá apoyada por el cielo y la tierra, que rogarán por una opción feliz. Es el momento de la plena revelación de los hijos de Dios que toda la creación esperaba (Rom 8,19-22). El ser humano puede llegar a lo que ansió en la vida, a lo que se abrió en ella e intentó realizar. Sin condicionamientos, cara a cara con el Dios manifestado en Cristo.

El juicio comienza en la vida

Lo que estamos diciendo nos puede llevar a una pregunta: ¿qué sentido tiene el esfuerzo de conversión realizado cada día si todo va a decidirse en un momento?

El momento del encuentro con Dios y la decisión que entonces se tome están íntimamente ligados con la vida. El camino tomado en ella va dando una orientación, va creando un estilo que se recogerá y expresará al final de la historia. Las decisiones parciales durante la existencia son una preparación y una educación para la decisión última. Es como el labrador que planta un manzano en su huerta, lo cuida, lo riega, lo poda. ¿Puede extrañarse de que su fruto sean las manzanas? Pero aunque este ejemplo nos sirva para ilustrar lo que estamos comentando, nadie podrá quitarnos la esperanza de que a la persona no le será negada al morir la oportunidad de tomar otro rumbo en su vida.

Lo normal es que se cierre o se abra totalmente hacia lo mismo que se abrió o cerró en la vida. Por eso Jesús exhorta a la vigilancia (Mc 13,33; Mt 24,42; Lc 12,35). Estas advertencias, y los consejos de la Iglesia en el mismo sentido, pretenden crear en nosotros una disposición al encuentro amoroso con el Señor que ya vino y que vendrá.

Al final se verá que Dios escribe derecho en líneas torcidas

Este momento culminante del encuentro con el Señor cara a cara aparece expresado en las Escrituras con imágenes humanas. En ellas se habla de un juicio ante un tribunal (Mt 5,25-26; Lc 18,1-8), de una siega en la que se selecciona el trigo y la cizaña (Mt 13,24-30), de una liquidación de cuentas (Mt 18,22-35; 25,14-30), de la separación entre ovejas y de cabritos (Mt 25,33). Para el Antiguo Testamento, es el "día de Yavé", que se presenta como día de luz o de tinieblas en el que Dios manifiesta su dominio (Is 13; Sof 1,14-18).

Sería un error entender estas imágenes de una forma literal. A través de ellas los autores sagrados proclaman que la historia y la vida de cada persona tienen un sentido y que se encaminan hacia el encuentro con Dios. Al morir se da la gran síntesis de la vida: se verá con transparencia el sentido de todo lo que ahora nos parece, como el reverso de un complicado bordado, una maraña de hilos y colores en confusión. Pero después, cuando se produzca el encuentro personal con Dios, él nos hará comprender su pensamiento sobre el ser humano y la creación. Esta luz hará que aparezcan en sus debidas proporciones la pequeñez y la grandeza, la vida y la muerte, la gracia y el pecado.

Ante esa manifestación, la persona optará. El encuentro con Dios, en el atardecer de nuestra vida, será un encuentro que vamos preparando desde ahora. Somos coherentes con el Evangelio si decimos que nos saldrá al encuentro el Amor y tendremos un diálogo sobre amor.

PARA PREPARAR EL PRÓXIMO ENCUENTRO

Vamos a leer el relato de la pasión (Mt 26-27) fijándonos en la actitud de algunos personajes secundarios hacia Jesús (la mujer de Betania, Pilatos y su mujer, los soldados al pie de la cruz, Simón de Cirene, las mujeres, José de Arimatea). Podemos observar cómo esta actitud contrasta con la de sus discípulos más cercanos. La pregunta que guiará nuestra lectura es ésta:

¿Cuál es la actitud característica de unos y otros?

15 PONEOS EN CAMINO

LECTURA CONTINUADA

Puesta en común sobre Mt 26-28

Una de las cosas que Mateo quiso mostrar en el relato de la pasión que hemos leído para preparar este encuentro es que los momentos de prueba sirven para que se manifiesten los verdaderos discípulos. La pasión de Jesús fue un momento muy difícil para sus seguidores más cercanos, y, de hecho, uno de ellos lo entregó, otro lo negó y el resto le abandonaron. Sin embargo, la prueba de la pasión sirvió también para que otros hombres y mujeres, que hasta este momento casi no han aparecido en el relato del evangelio, manifestaran su adhesión a Jesús.

Si hemos leído atentamente Mt 26-27, habremos observado estas *actitudes de los discípulos y de estos otros personajes hacia Jesús.* Ahora es el momento de poner en común lo que hemos descubierto en nuestra lectura.

GUÍA DE LECTURA

"Haced discípulos a todos los pueblos"

Antes de comenzar, buscamos **Mt 28,16-20**

➤ Ambientación

Llegamos al final del camino de Jesús. En el último episodio del evangelio encontramos a los discípulos cumpliendo el encargo que Jesús les había hecho antes de su muerte, y que había sido repetido por el ángel a las mujeres: que fueran a Galilea para encontrarse de nuevo con él. Al leer este pasaje también nosotros somos invitados a volver a Galilea para encontrarnos con Jesús.

➤ Miramos nuestra vida

A lo largo de nuestra vida, todos hemos tenido que enfrentarnos con situaciones que superaban nuestras fuerzas o nuestra capacidad. En unos casos, habrán sido los problemas familiares que no hemos sido capaces de asumir o resolver; en otros, puede que nos hayan confiado responsabilidades o tareas que no nos sentíamos capaces de afrontar... Vamos a comenzar nuestro encuentro compartiendo brevemente cuáles fueron nuestras reacciones en aquellos momentos:

– *¿Recuerdas haber vivido alguna situación parecida a éstas?*

– *¿Cómo te sentiste en aquellos momentos?*

– *¿A quién recurriste buscando apoyo?*

➤ Escuchamos la Palabra de Dios

En el pasaje que vamos a meditar hoy los discípulos vuelven a encontrarse con Jesús después de haberle negado. En este nuevo encuentro, él no sólo los acoge, sino que les encomienda una nueva misión: anunciar a todos los pueblos la Buena Noticia. Aunque esta nueva tarea les sobrepasa, Jesús espera que la experiencia vivida les sirva para no confiar en sus propias fuerzas, sino en él, que les acompañará en todo momento.

• Vamos a prepararnos para acoger el mensaje que el Señor quiere transmitirnos con su Palabra haciendo un momento de silencio.

• Un miembro del grupo proclama en voz alta Mt 28,16-20.

• Cada uno de nosotros vuelve a leer en su Biblia el pasaje proclamado, tratando de descubrir su mensaje con ayuda de las siguientes preguntas:

- *Primero nos fijamos en el grupo de los discípulos: ¿cuántos son? ¿Quién falta? ¿Qué es lo que hacen cuando ven a Jesús?*
- *Después nos fijamos en lo que hace Jesús y en cómo comienza a hablarles: ¿qué les dice acerca de sí mismo?*
- *Después de revelar a sus discípulos su poder, Jesús les hace un encargo: ¿en qué consiste dicho encargo? ¿Con qué verbos se describe la tarea que Jesús les confía?*
- *Después de confiarles este encargo, les anuncia que no estarán solos en esta tarea: ¿qué es lo que Jesús les promete exactamente? ¿Tiene esto alguna relación con lo que les ha dicho antes acerca de sí mismo?*

➤ Volvemos sobre nuestra vida

Nosotros somos discípulos de Jesús y hemos recibido también el encargo de comunicar a otros el mensaje del Evangelio para que se hagan discípulos suyos. Es algo que hemos intentado muchas veces, descubriendo una y otra vez que este encargo supera nuestras fuerzas. Esta experiencia nos invita a volver sobre el pasaje que hemos proclamado y meditado para preguntarnos:

– *¿Nos damos cuenta de que sólo podemos anunciar el Evangelio si antes hemos tenido un encuentro personal con Jesús resucitado?*

– *¿Somos conscientes de que sin su apoyo y su presencia no es posible superar las dificultades que hoy nos plantea la evangelización?*

➤ Oramos

La experiencia que vivieron los primeros discípulos nos invita a no desanimarnos ante los fracasos, porque a pesar de todo Jesús sigue confiando en nosotros. Por eso, vamos a concluir nuestro encuentro orando al Señor para que haga de nosotros mensajeros y testigos de su Evangelio.

• Un miembro del grupo proclama Mt 9,36-39.

• Cada uno pide al Señor aquello que cree más necesario para que juntos podamos llevar a cabo la misión que Jesús nos encomienda, y todos responden diciendo: "¡Envía, Señor, jornaleros a tu mies!".

• El animador puede concluir con una acción de gracias por todo lo que hemos recibido a lo largo de las sesiones en que hemos leído juntos el evangelio de Mateo.

PARA PROFUNDIZAR

Las apariciones de Jesús

Las apariciones de Jesús y el descubrimiento de la tumba vacía fueron para los primeros cristianos los indicios más importantes de que había resucitado de entre los muertos (Mt 28,1-7 y Mt 28,8-10). Sin embargo, sólo la fe puede darnos completa certeza de que Jesús ha resucitado. Gracias a ella, estos dos acontecimientos adquieren un sentido muy especial para nosotros. Vamos a detenernos en los relatos de apariciones, porque a través de ellos podemos acercarnos a la experiencia del Resucitado que tuvieron los primeros cristianos.

Jesús se ha dejado ver

El testimonio más antiguo de los encuentros con el Resucitado se haya en la primera carta a los Corintios. En él se utiliza una expresión que seguramente tenía un sentido muy especial para ellos: "Jesús se ha dejado ver" (1 Cor 15,5-8). Esta expresión indica que se trata de una manifestación de sí mismo. Más tarde, cuando se compusieron los relatos de apariciones a partir de los recuerdos de aquellos que habían sido testigos de estas manifestaciones de Jesús, esta misma experiencia fue contada desde el punto de vista de los destinatarios, y por eso se dice que "vieron al Señor" (puedes verlo en Jn 20,18.25).

Los cuatro evangelios nos han transmitido diversas apariciones de Jesús. Algunas de ellas tuvieron lugar en Jerusalén (todas las que narra Lucas; Mt 28,8-10; las de Jn 20) y otras en Galilea (Mt 28,16-30 y las de Jn 21). Sin contar las de Marcos, que se añadieron tardíamente (Mc 16,9-20), tenemos ocho relatos diferentes: cinco de ellos a los discípulos en grupo, y tres a personas concretas: a varias mujeres (Mt 28,8-10), a María Magdalena (Jn 20,11-18) y a los dos de Emaús (Lc 24,13-35). Esta variedad revela la riqueza con la que los primeros cristianos vivieron esta experiencia de encuentro con el Resucitado.

Los "encargos" del Resucitado

Los relatos de apariciones tienen mucho en común con los relatos de vocación. Tanto unos como otros suelen comenzar con un encuentro y casi siempre terminan con un encargo, con una misión que Dios encomienda. Cuando se trata de una persona o de un grupo pequeño, el encargo consiste en dar testimonio, en contar lo que han visto. Así, por ejemplo, María Magdalena recibe este encargo: "Ve a decir a mis hermanos: subo a mi Padre, que es también vuestro Padre" (Jn 20,17). Sin embargo, cuando se trata del grupo de los discípulos, el encargo reviste tonos más solemnes, que tienen que ver con su tarea en la comunidad: "Hacer discípulos... instruyéndolos... y bautizándolos" (Mt 28,19), "anunciar la conversión para el perdón de los pecados" (Lc 24,47), "perdonar los pecados" (Jn 20,22) o "apacentar el rebaño" de Jesús (Jn 21,15-17).

Las apariciones del Resucitado están, por tanto, muy relacionadas con la misión de la Iglesia. La experiencia del encuentro con él no es algo que los discípulos puedan guardarse para sí, sino una buena noticia que necesitan comunicar a otros. Da la impresión de que la misma fuerza que experimentan en el encuentro con Jesús les impulsa a comunicar a otros este acontecimiento que da un nuevo horizonte a la vida. Por eso, en algunos de estos relatos se dice que los discípulos reciben el Espíritu Santo en este encuentro con Jesús (Jn 20,22) o como consecuencia de él (Lc 24,49 = Hch 1,8).

¿Se sigue manifestando Jesús hoy?

Los primeros cristianos tenían la certeza de que Jesús había resucitado y estaba vivo en medio de ellos, y esta certeza daba sentido a sus vidas. Nosotros creemos que sigue presente en medio de nosotros, aunque a veces nos cueste descubrirle.

Algunas personas buscan esta presencia en manifestaciones espectaculares; otras la encuentran en otras "apariciones", que tanto han proliferado en los últimos años. Es verdad que Dios puede manifestarse también a través de estos medios extraordinarios, pero normalmente se deja ver en manifestaciones cotidianas que son evidentes para quienes tienen fe.

Él está presente, sobre todo, en la vida de las personas y de las comunidades que viven como él vivió: en obediencia a Dios y entregadas a los demás. En estas personas y comunidades se perciben una fuerza y una presencia que no pueden explicarse humanamente. Es, sin duda, la presencia de Jesús.

ÍNDICE